国家自然科学基金资助项目70873076（项目批准号）

JUECE ZHIXING JIANDU

GAODENG XUEXIAO NEIBU QUANLI ZHIYUE

YU XIETIAO JIZHI YANJIU

决策·执行·监督

——高等学校内部权力制约与协调机制研究

教育科学出版社

·北京·

序　言

　　十七大报告明确提出，要"建立健全决策权、执行权、监督权既相互制约又相互协调的权力结构和运行机制"。这是改革开放以来我们党在探索权力制约和监督机制方面的重要经验和实践成果，是对权力结构和运行机制认识的进一步深化，对于规范权力运行，提高管理效能，从源头上防治腐败，意义十分重大。十七大的这一重要论述为学术界提出了新的研究课题。

　　公立高等学校作为社会公益部门，既要完成大学的使命，也要根据自身特点，建立决策权、执行权、监督权既相互制约又相互协调的权力机制。而要实现这一目标，就迫切需要系统的理论支持。本研究的意义在于：为高等学校完成自身使命提供理论指导；为深化高等学校内部管理体制改革提供理论依据；为实现高等学校依法自主办学提供可行思路。

《决策·执行·监督——高等学校内部权力制约与协调机制研究》从权力运行的角度，在对高等学校内部权力结构进行研究的基础上，重点研究在党委领导下的校长负责制领导体制下，基于学术权力主导的教授委员会为主体的决策体制、教职工代表大会为主渠道的监督体制以及高等学校内部权力相互制约与协调的机制，研究目标是确立"党委领导、校长管理、教授治学、民主监督"的管理体制框架，形成结构合理、决策科学、执行顺畅、监督有力、运转高效的高等学校内部权力运行机制。研究以下分五个部分。

（一）高等学校内部权力构成及其关系研究

高等学校内部存在复杂的权力构成。研究这些权力构成及其关系，有助于促进学术自由和大学自治，实现高等学校的办学目标。以权力主体和内容为标准，可以将高等学校内部权力划分为政治权力、行政权力和学术权力。过去半个多世纪，我国高等学校内部管理体制主要是处理政治权力和行政权力的关系问题。随着高等教育改革的推进，高等学校内部管理体制的主要问题将是如何处理政治权力、行政权力、学术权力三者之间的关系。基于权力运行过程，可以将高等学校内部权力构成划分为决策权、执行权和监督权。高等学校内部"三权"的关系是：决策权处于中心地位，注重科学和民主；执行权处在中间环节，更为关注效率；监督权贯穿于权力运行的全过程，对保障决策民主化和行政高效率具有重要作用。长期以来，包括高等学校内部管理体制在内的我国政治体制一直存在权力过分集中的弊端。其表现就是决策权、执行权、监督权事实上的"三权合一"。权力的主体既是决策者，又是组织实施者，还是监督管理者，从而形成"绝对权力"，极易导致个人专断、决策失误、官僚主义，滥用职权、贪污受贿等腐败问题。为此，需要进行流程再造，形成分工制衡的权力结构和权力关系。每一个环节权责明确，各司其职，可以使决策更加科学，执行更加高效，监督更加有力，最大限度地防止权力的消极作用。

（二）高等学校内部决策体制研究

20世纪80年代以来，面对经济全球化、政治民主化和高等教育大众化的进程，尤其是随着高等学校内部管理体制改革的不断深入，改革与完善高等学校内部决策体制已成为我国高等教育的重要课题。由于管理传统、有关政策法规等因素的影响，我国高等学校内部决策体制中存在一些不尽如人意的地方。体现在：决策权高度集中于党委，经常出现政治决策与行政决策取代学术决策的局面；决策组织体系不健全，突出表现为仅有决策中枢系统，信息与咨询系统相对不足；决策过程的民主参与程度不足，主要表现在广大教师很难参与决策，更缺乏社会人士的参与；高等学校内部决策制度不完善，决策范围不明确，决策程序不科学。高等学校决策体制改革就是要在明确领导体制中党委会的职责权限及其与其他决策机构之间关系的基础上，构建学术权力主导的教授委员会制内部管理体制。教授委员会制度作为一种高等学校内部管理体制，与党委领导下的校长负责制内部领导体制并不矛盾。在这种体制内，学校党委对教授委员会实施领导，校长负责实施教授委员会的决定，对党委和教授委员会负责，将党委领导下的校长负责制领导体制贯通于教授委员会内部管理体制中，寓党委领导于教授治学之中。这种体制能够较好地解决高等学校内部管理中的决策、执行、监督机制的相互协调问题——教授委员会集体决策，校长为首的行政系统负责执行，教职工代表大会民主监督。这样，既坚持了党委领导，又保证了校长负责，也体现了学术权力的主导地位，更形成了政治权力、行政权力和学术权力三者有机耦合又相互制约与协调的高等学校内部权力运行机制。

（三）高等学校内部执行体制研究

我国高等学校内部执行体制的现状，与改革开放事业是基本相适应的。当然，与改革初衷不一致的一些非预期效应在一定程度上影响了改革的成效。最为突出的是：我国高等学校内部管理普遍存在泛行政化的倾向；改革的趋利倾向越来越明显，太多的诱惑导致高等学校师生越来越难以潜心治学；在管理能级方面，教育行政体制的集权现象在高等学校内部依然存在。高等学校内部执行体制改革主要是破解行政化、趋利化、集权化等突出问题。高等学校内部执行体制改革是高校内部管理体制不可或缺的一部分，而校长管理则是重中之重。改革的构想就是构建以校长为首的校务委员会为基本形式的内部执行体制，这不仅业已被我国高等学校校务委员会的成功经验所证明，也是我国实行党委领导下的校长负责制这一领导体制下行政决策科学化与民主化的必然要求和我国高等教育发展的现实选择。校务委员会制度与党委领导下的校长负责制并不矛盾，没有冲突。校务委员会制度的变革是在坚持党委领导下的校长负责制的前提下，建立和完善我国高等学校内部行政执行体制，以合理配置政治权力、行政权力与学术权力，建立科学的内部行政决策机制与运行机制。在党委领导下的校长负责制领导体制下，高等学校内部行政体制是校长负责制。校长负责制行政体制在高等学校内部管理体制中发挥着重要作用，它是集体领导与校长负责相结合成功的关键，校长既对内部行政管理体制的决策机构——校务委员会负责，又要对内部领导体制的决策机构——党委负责，并将党委会、校务委员会的决策通过行政权力贯彻执行。随着我国建设现代大学制度进程的加快，校务委员会应该也必然会扮演越来越重要的角色。

（四）高等学校内部监督体制研究

失去监督和制约的权力最终会走向腐败，政府权力运行如此，高等学校的权力运行同样如此。因此，高等学校的权力运行，除了决策体制和执行体制外，还包含监督体制。随着高等学校办学自主权的逐步落实和扩大，以及高等学校内部管理体制改革的深入发展，我国高等学校内部监督体制在高等学校发展中的地位和作用将越来越重要，急需不断发展完善。目前，我国高等学校内部监督体制还很不完善，存在一些较严重的问题。主要是：监督主体缺乏独立性和权威性；监督体系不完善；监督制度、法规不健全；监督流于形式现象严重。在当前形势下，构建以教职工代表大会制度为主要内容的高等学校内部监督体制，是进一步深化高等学校内部管理体制改革的必然要求，是确保高等学校内部权力规范行使的迫切需要，是在高等学校内部充分实现社会主义民主的根本途径。构建以教职工代表大会制度为主要内容的高等学校内部监督体制，必须首先明确并逐步调整教职工代表大会制度的基本功能，特别是进一步加强教职工代表大会制度的监督功能和权益保护功能，促使其逐渐成为高等学校内部监督体制的主要内容。要实现教职工代表大会制度的基本功能，必须正确处理教职工代表大会与党委领导的关系、教职工代表大会与行政部门的关系、教职工代表大会与学术组织的关系、教职工代表大会与工会及工代会的关系，对教职工代表大会制度进行合理定位。为使教职工代表大会更好地发挥作用，还应着力拓展、充实和完善各项制度，加强法制化和规范化建设。

（五）高等学校内部权力机制研究

科学合理地配置权力，处理好不同权力主体之间的关系，建立既相互制约又相互协调的内部权力机制，是高等学校内部管理体制改革成功的关键。在决策权方面，要积极探索学术权力与行政权力耦合机制。其基本途径在于：充分发挥学术组织的作用，加强学术权力；建设职业化的管理队伍，规范行政权力；建立二元权力耦合模式，整合学术权力与行政权力；强化校长的职能，协调学术权力与行政权力。在执行权方面，要积极探索学校分层管理机制，其基本方法是合理划分校、院、系三层次的管理权限；其关键是权力重心下移，下放权力，同时要防止出现基层各自为政、资源重复配置、资源利用率低下等现象，要反对固守学院利益、不顾学校大局的倾向，坚决维护学校整体利益。另外，还应转变职能部门管理模式，从直接控制转变为加强检查、监督和协调、服务。在监督权方面，要积极探索高等学校内部监督机制。其基本途径在于：加强党内监督，提升党内监督水平；强化行政监督，促使干部勤政廉政；深化民主监督，保证群众依法参与监督；整合监督力量，发挥整体监督效能；健全规章制度，确保权力有序运行。其最终目标是建立党委领导、校长管理、教授治学、民主监督既相互制约又相互协调的运行机制。这种管理模式，既是高等学校区别于政府、企业运转模式的显著特征，也是中国高等学校区别于西方高等学校的根本特征。这是中国特色现代大学制度的特质，是我国高校科学发展、和谐发展、快速发展的基本保障。

本研究具有的创新意义：一是关于内部决策体制的研究，构建学术权力主导的教授委员会制内部管理体制。教授委员会作为一种高校内部管理体制模式，学校党委对教授委员会实施领导，校长负责实施教授委员会的决定，将党委领导下的校长负责制领导体制贯通于教授委员会内部管理体制中。二是内部运行机制的研究，建立党委领导、校长管理、教授治学、民主监督既相互制约又相互协调的运行机制。教授委员会集体决策，校长为首的行政系统负责执行，教职工代表大会为民主监督主渠道。既坚持了党委领导，又保证了校长负责，形成政治权力、行政权力和学术权力三者有机耦合又相互制约与协调的高校内部权力运行机制。

《决策·执行·监督——高等学校内部权力制约与协调机制研究》是集体研究的成果，是项目组成员共同智慧的结晶。项目负责人为毕宪顺教授，提出总体思路，设计篇章结构，承担具有创新意义观点的研究。项目组成员有张献勇教授、刘庆东副教授、李升元副教授、赵凤娟讲师、甘金球讲师。毕宪顺教授与张献勇教授负责统稿定稿。

《决策·执行·监督——高等学校内部权力制约与协调机制研究》于2008年9月被国家自然科学基金委员会列为面上项目，得到了该委员会管理学部的立项资助。2011年底项目完成后，项目组又对研究报告进行了修改和充实。本书的出版得到了教育科学出版社的大力支持，在此一并表示诚挚的感谢！

毕宪顺

2012 年 11 月

目　　录

一、高等学校内部权力构成及其关系

　　高等学校内部存在复杂的权力构成。研究这些权力构成及其关系，有助于促进学术自由，实现高等教育的办学目标。而要研究高校内部权力构成和权力关系，应当从考察权利和权力这两个法学、政治学中重要而基本的范畴开始。

（一）权利与权力

1. 权利

（1）权利的概念与特征

　　近代意义上的权利一词来自英文"right"。在英文中，"right"除有"权利"的含义外，还有"正义"、"正确"的意思。许多学者给权利下过定义，但最终都难以形成定论。康德在谈到"权利是什么"时说："问一位法学家'什么是权利?'就像问一位逻辑学家一个众所周知的问题'什么是真理?'同样使他感到为难。他的回答很可能是这样，且在回答中极力避免同义语的反复，而仅仅承认这样的事实，即指出某个国家在某个时期的法律认为唯一正确的东西是什么，而不正面解答问者提出来的那个普遍性的问题。"（康德，1991）[39]尽管如此，不同的学派或学者还是试图界定和解释"权利"，并由此来阐发自己的主张，甚至确定其理论体系的原点。有人统计过，理论界针对"权利"至少产生过一百多种定义。张文显教授在《法哲学范畴研究》一书中将中外法学中关于权利的释义作了归纳，主要分为八种，包括资格说、主张说、自由说、利益说、法力说、可能说、规范说、选择说等。（张文显，2001）[300-309]夏勇认为，为全面、正确地理解权利概念，较为关键的是把握权利的要素，而不是权利的定义。权利主要包含五个要素——利益、主张、资格、力量（它包括权威和能力）、自由，这些要素中的任何一个都可以用来阐释权利概念，表示权利的某种本质。究竟以哪一个要素或哪几个要素为原点来界定权利，则取决于界定者的价值取向和理论主张。（夏勇，2001）[46-48]尽管如此，为研究的方便，给权利下一个尽可能简明的定义，仍是必要的。

我们认为，权利是一方要求另一方做出某种行为的自由。权利具有如下几个特征：它一般表现为非公共机构所拥有，首先为个人所拥有；它与个体发展有密切联系；它由国家的宪法设定其根本的合法性，并经常是宪法和法律保护的对象；权利常常是相对于义务而言的，一项权利的存在，意味着一种让他人承担和履行相应义务的观念和制度的存在，该义务可以是积极作为的义务，也可以是消极不作为的义务；权利具有可救济性，当权利受到侵害时，通常可以获得司法救济，所谓"无救济即无权利"。

（2）权利的分类

根据不同的标准，可对权利作不同的分类。

根据请求方式，可将权利分为要求另一方积极作为的权利与要求另一方消极不作为的权利。要求另一方积极作为的权利可称为狭义的权利；要求另一方消极不作为的权利，通常称为自由，英文中是"freedom"。狭义的权利倾向于依赖法律设定才存在，而自由则倾向于不依赖法定形式就存在。在宪法规范上，狭义的权利倾向于后来才出现，而自由则倾向于近代宪法产生时就出现。（林来梵，2011）[194]

根据重要程度，可以把权利分为基本权利与普通权利。在内容丰富、种类繁多的庞大的权利体系中，那些具有重要地位并为人们所必不可少的权利，称为基本权利；反之，则为普通权利。因为基本权利的高度重要性，现代各国一般均会将它们规定到一国的根本法——宪法中去。因此，基本权利也常被称为宪法权利。同时，基本权利主要是个人等私主体针对公权力（如国家）所享有的权利。

根据存在形态，可将权利分为应有权利、法定权利和实有权利。应有权利是指人们应当享有的权利；法定权利是指为法律所确认的权利；实有权利则是指人们实际能够享有的权利。这一划分的意义在于揭示理想的、道德的权利对于实在法权利的指导和限定作用，尤其是揭示人们在社会生活中对权利的实际享有构成了权利的一种独立存在形态。

根据权利主体，可将权利分为个人权利与群体权利。权利主体是个人的，为个人权利；权利主体是若干个人结成的群体的，为群体权利。这一划分的意义在于，个人权利是群体权利的基础。

根据个人权利的权利内容，可以进一步将个人权利分为人身人格权利（如生命权、人身安全权、人身自由、思想自由、人格尊严权、隐私权等），政治权利与自由（如选举权与被选举权、参政权、议政权、监督权，以及出版、集会、结社等自由），经济、文化和社会权利（如工作权、最低生活保障权、从事科学文化活动的自由、受教育权、结婚离婚自由等）。

2. 权力

（1）权力的概念和特征

中国近现代"权力"一词系由西学东渐传递而来，在英文中是"power"。英文"power"一词源自法语"pouvoir"，后者源自拉丁文的"potestas"或"potentia"，意指"能力"（两者都源自动词"pltere"，即"能够"）。在罗马人那里，"potentia"是指一个人或物影响他人或他物的能力；"potestas"则还有一个更为狭隘的政治含义，指人们通过协同一致的联系和行为所取得的特殊能力。（米勒，等，2002）[641]

尽管权力在西文中历史悠久，其基本含义也较清楚，但要为其给出一个共识的定义也是很困难的。罗伯特·A. 达尔曾经叹道："很少有比权力更复杂的事物，也很少有像权力那样经常被粗劣地简单化了的事物。"（达尔，1987）[30]霍布斯认为，权力是获得任何未来明显利益的当前手段。（HOBBES，1958）[71]马克斯·韦伯认为，权力"意味着在一种社会关系里哪怕是遇到反对也能贯彻自己意志的任何机会"（韦伯，1997）[81]。丹尼斯·朗将权力定义为"某些人对他人产生预期效果的能力"（朗，2001）[3]。从西方对权力的定义看，有三个特点：哲学基点的人性恶的假设，方法论上有浓厚的实证主义色彩，过分强调权力与强制的关联。（周永坤，2006）[102-103]

我们认为，在近现代民主政治条件下，权力是通过合法或正当方式获得的对他人的支配力。这一概念将权力限于正当的范围以内，赤裸的暴力被排除在外，以区别事实上的权力。权力的基本特征是：第一，权力的合法性，权力不是与生俱来的，它的获得必须通过选举、任命等合法或正当的途径；第二，权力的支配性，即权力主体对他人的行为具有支配作用，如他人拒绝服从，权力主体可借助强制手段；第三，权力的扩张性，即拥有权力的人都存在滥用权力的倾向。正如孟德斯鸠指出的那样，"一切有权力的人都容易滥用权力，这是万古不易的一条经验。有权力的人们使用权力一直到遇有界限的地方才休止"（孟德斯鸠，1995）[154]。

（2）权力的分类

对于权力，也可作不同的分类。

根据权力主体所代表范围不同，分为个人权力、集体权力和国家权力。个人权力是指个人通过正当方式所获得的权力；集体权力是介于个人权力和国家权力之间的一切集合权力，包括政党权力、社会团体和自愿结合群体的权力；国家权力是执政者凭借国家机器执行统治的权力。

根据权力的性质，在传统上，还可把国家权力进一步分为立法权力、行政权力和司法权力。这一分权学说是由孟德斯鸠提出的。他认为，国家权力中的立法权、行政权和司法权是三种不同性质的权力，必须分别由三个部门来行使，并相互制约。如果同一机构或同一人行使两种或三种权力，则自由不能存在。根据这一理论，现代国家一般是议会行使立法权，政府行使行政权，法院行使司法权。

3. 权力与权利的区别

（1）从来源看。权利从本质上说，具有先验性质。权利"以某种不证自明的假定（或先设）原则为自身存在的前提，这一原则便是，个体生来具有存在的理由，他自主地决定自己与周围事物的关系。这一原则的先验性虽然不依赖于经验，却能被经验实证——个体倘若感到自己不具有生存的理由，那么，他便连一天都难以存在"（林喆，等，2006）[7]。而权力则需要经过合法或正当途径获得，而不是权力主体生来即享有的。

（2）从性质看。权利是社会主体的利益，不具有公共性；而权力则是公共机关管理社会的强力，具有公共性。由此，权利的目的在于确认和保障权利主体的利益，权利是一种选择自由，可以交换；而权力的目的则不在权力主体的利益，原则上不是"选择自由"，而是"应为"，只在非常有限的范围内，为公共利益所需才允许裁量，权力一般不能进入交换领域。（周永坤，2006）[151]

（3）从倾向看。权利经常是消极的、内敛的、防御的，权利主体可以积极作为，也可以消极不作为。但权力的本质则是扩张的，富于攻击性、侵略性的，是积极的作为。

（4）从对立面看。权利的对立面是"义务"，对权利主体而言，权利和义务的内容是不同的。例如，在买卖关系中，出卖人的权利是获得价款，而其义务是交付货物。权力的对立面是"职责"，对权力主体而言，权力的内容就是职责的内容。例如，行政机关对违法行为实行行政处罚既是其权力，也是其职责所在。

（5）从行使的自由度看。权利通常可以放弃，如放弃无须承担法律责任；而权力不可放弃，放弃权力即为废弃职守，要承担法律责任或政治责任。因为权利是法律规定的人的自由空间，如何行为由行为人自主决定；而权力是法律规定的权力主体的行为，权力主体没有行权与不行权的自由。（周永坤，2006）[152]

（6）从推定规则看。在法律没有明确禁止或强制的情况下，可以做出权利推定，即"法不禁止即自由"。而非有正当、合理而充分的理由，权力不得推定，即"法无授权即禁止"。

（7）从影响力看。权利主体原则上不可自我救济，当义务主体不履行义务时通过公权力救济，即由公权力机关行使强力以帮助实现权利，如向法院起诉；而权力主体一般可直接行使物质强力实现意志，如强制执行。

4. 权利与权力的联系

（1）权力来源于权利。在权力与权利谁来源于谁的问题上，一直存在着误解。其实早在权力产生之前，权利就已经有了。在原始时代，人们已经有了原始的权利。这些权利遍及氏族内部的生产、分配和消费的各个环节。只是那时的权利和义务是不可分别，也无法分别的。而权力的情形则不同，在最初是没有权力存在的。由于人的认识发展和社会的逐步生成，就产生了一些社会公共事务，需要一定的人来担任和完成。当初总是由氏族首领来承担的，是全体氏族成员为了自身的利益而委托首领来承担的。于是，根据全体氏族成员的委托和信任，氏族首领就享有了管理氏族公共事务的力量。这种力量也就是最初的权力。

（2）权力是为维护权利而产生的。在私有制出现，权利义务逐步分离以后，权利就不时遭到侵犯。如果完全听由受害者自由复仇，就难免会导致混乱。而且一旦受害者处于弱者地位，复仇也就会变得困难。为了防止因自主复仇导致混乱和保护弱者，就必须要产生一种公共权力来维持社会秩序，使弱者的权利得到保障。"在一个正常的社会里，除了权力的滥用，权力的强制性是以正当目的为限的，而正当的根基就在于它的直接或间接目的是保障权利。"（周永坤，2006）[264]

（3）权利优位于权力。由于权力是来源于权利的，也由于权力的目的在于维护和实现权利，相对于权利，权力就是手段和工具，而不是目的。谁要背离了这一点，也就是对权力的反动和对权利的否定。明确了这一点，我们在面对权利和权力的冲突时，就不难做出正确的选择，即让权力服从于权利。

（4）两者相互依存、相互转化。一方面，一国最高权力来源于其公民对自身部分权利的让渡；另一方面，权力在将应有权利确认为法定权利和实有权利的过程中起决定性作用。权利与权力可以而且事实上经常互相转化。一方面，权利转化为权力，权力是为了权衡、协调、界定、确认和保障实现权利而设置，而存在，而作用；另一方面，权力在反作用于权利时，调整利益分配关系，形成和改善权利关系，使某些主体取得或让予某些权利，这就是权力转化为权利。

5. 我国法律对高校"权利"与"权力"的规定

《中华人民共和国教育法》（以下简称《教育法》）第二十八条赋予高校的是"权利"，"学校及其他教育机构行使下列权利：（一）按照章程自主管理；（二）组织实施教育教学活动；（三）招收学生或者其他受教育者"，等等内容。而《中华人民共和国高等教育法》（以下简称《高等教育法》）赋予高校的是自主权，并没有指出自主权的属性是"权利"抑或"权力"。

我们认为，高校所处的关系有外部关系与内部关系之分。高校的外部关系，可以分为外部行政关系和外部民事关系。在外部行政关系中，相对于政府而言，高校作为行政相对人，具有自主办学的"权利"；在外部民事关系中，高校与其他民事主体在民事活动中处于平等地位，也具有相应的"权利"。高校的内部关系，即高校相对于教师和学生而言，其享有的是"权力"，如高校对教师的聘任、对学生的学籍管理等。一方面它来自于法律或者师生的授权，其做出的决定，教师和学生应当服从；另一方面，它也是高校的职责所在。

（二）高等学校内部权力构成及其关系：基于权力主体内容

以权力主体和内容为标准，可以将高等学校内部权力划分为政治权力、行政权力和学术权力（毕宪顺，2010）[17-25]。

1. 政治权力、行政权力和学术权力的内涵和特征

（1）政治权力的内涵和特征

伯顿·克拉克曾言，"在所有的社会科学门类中，政治学最少介入对教学组织的研究。在所有的国家，对高等教育管理中的政治权力的作用都缺乏仔细的研究。这已经形成了一个真空……只有在权力分析中，考虑了州和国家体制最上层的复杂的政治关系网和各层次权力分配问题，这种陈旧僵化的学术权力结构才会被纠正。"（范德格拉夫，等，2001）[196-197]约翰·布鲁贝克也认为："高等教育越卷入社会的事务中就越有必要用政治

观点来看待它。"（布鲁贝克，1998）[32]我国学者也开始注意到这一问题。杨克瑞等认为，"忽视对高等学校政治权力系统的研究和改革，不仅是高校的内部管理体制长期以来难以理顺，而且也是高校学术权力难以充分张扬的重要根源所在。"（杨克端，等，2007）[253]

高校政治权力具体表现为高校外部政治权力与内部政治权力。高校外部政治权力可有广义和狭义两种理解。在广义上，它包括国家、政党以及宗教等对高校的各种权力。在狭义上，是指政党的政治权力。

大学的发展历史表明，其自中世纪产生之初，就一直受到世俗政权势力与宗教势力的双重影响，随着后来民族国家的兴起以及大学的世俗化发展，其更是被掌控在世俗政权之中，国家的政治权力成为大学发展的主宰力量。例如，1808年拿破仑在帝国大学的改组创建中形成了强有力的政府控制模式，把帝国大学视为帝国的教育行政领导机构，直接任命教育大臣及其他官员，并在帝国大学及各学区设置了督学，牢牢地掌控着高等教育的政治目标。

当前世界各国政府对大学的政治控制程度虽然不同，但其政治权力的影响却都以某种形式存在着。从伯顿·克拉克对高等教育系统的分析可以发现，苏联、瑞典和法国等国家的国家权力对高等教育具有突出的影响力。就具体的组织形式分析，各国政府对高校施加政治权力的方式，从直接到间接，大体有党委会、学监、董事会及调查委员会等几种形式。

让我们重点关注一下政党的政治权力。在西方国家，政党对大学的影响是间接的。它作为一个政治组织，既不是国家立法机关，也不是国家行政机关，因而它没有直接对国家发展和社会事务发号施令的权力，而只能通过上台执政或影响执政党的政策，才能实现对国家的领导和管理。而西方国家的大学从主流方面而言，大多实行政治中立与大学自治，不参与政治斗争和党派竞争。政党如欲影响大学的发展，只能循着这样的路径：制定符合民众意志的正确的政治纲领，在议会选举或总统选举中获胜成为执政党，从而掌握国家政权；把体现本党政治纲领的有关高等教育主张，形成议案，经议会通过，上升为国家意志，成为法律，交给政府执行；在执政党领袖出任政府首脑或总统，提出内阁成员名单（一般为本党党员）组成政府以后，制定符合本党政治纲领的高等教育政策，直接影响大学的发展。执政党不同，政治纲领不同，其高等教育政策自然各不相同。通过控制国家政权（立法权、行政权）实现对大学的间接影响是政党影响大学的唯一合法途径。（孔垂谦，2002）[7-10]

与西方国家政党对大学的间接影响不同，在我国，中国共产党对高校有直接影响。这种影响体现在高校外部和内部两个方面。从外部来看，中国共产党的执政地位在宪法上获得了确认；法律是在党的领导下制定的。党的教育方针、政策在高校具有执行力，国家高等教育法律法规体现了党的教育方针和政策。为了保证党的教育方针的贯彻落实，执政党有权向高校党组织发布指示，布置工作。

以高校内部而言，我国高校都建立有党组织，这与西方国家在大学内部不存在系统化的政治权力形成鲜明对比。在我国，高校内部政治权力就是党的基层组织所拥有的权力。（毕宪顺，2006）[15]

高校内部政治权力的基本特征是：第一，从主体上看，主要是从事管理的党务工作者，包括党委书记、副书记、党委委员、部长、副部长、科长及基层党总支、支部的成员等。其中，党委会是贯彻党的教育方针的有力组织，是高校保持正确政治方向的有力保证，是确保高校为国家建设发展服务的组织保障。第二，从客体或内容上看，主要是党内事务、党的活动和党政关系。政治权力的目的是确保党和国家的教育方针在高校的贯彻执行，在人才培养和科学研究中坚持社会主义办学方向，发挥党的理论、路线、方针、政策在办学过程中的指导、引领作用。政治权力的运作方式主要是依靠强有力的思想政治工作和德育工作以及宣传、舆论、号召、引导、说服教育等，通过制定发展规划和管理制度、机构设置、人事任免、纪律检查等方式以确保学校的社会主义办学方向和党的教育方针的贯彻实施。第三，从机构设置上看，既有党务职能部门，又有党委、党总支、党支部等各级组织，校级党委及其职能部门、院级党委或党总支均是常设的，有专职党务工作人员。上下级党组织之间是领导与被领导的关系。第四，从权力来源看，高校内部政治权力来源于宪法和高等教育法等法律的规定，来源于中国共产党的执政党地位，其运作的原则是民主集中制。

（2）行政权力的内涵和特征

行政权力一般特指国家行政机关的权力，即国家行政机关依靠特定的强制性手段，为有效地执行国家意志而依据宪法及其原则对社会进行管理的一种能力，但常常也用来指社会组织中的行政权力，即社会组织中的行政机构和人员为实现组织目标，依照一定的规章对社会组织自身进行管理的能力。（钟秉林，2005）[3-5]高校内部行政权力即社会组织行政权力的一种，是高校中的行政机构和人员为了实现高校目标，而依照一定的规章对高校自身进行管理的能力。

高校内部行政权力的特征是：第一，从权力主体看，包括高校的行政组织和行政人员，如校长、院系主任、职能处室负责人等。第二，从权力客体和内容看，是行政事务。大体分为两类：一类是与学术事务关系紧密、为学术活动提供直接服务的事务性工作，如教学秩序维持、考试日程安排、教学设施管理等；另一类是比较纯粹的行政事务，如学生日常生活管理、高校内部的人事管理、财务管理、后勤管理等。第三，从权力组织上看，具有层级性，或称科层性。高校内部行政权力一般分为校、院、系三个等级，三者之间构成自上而下的权力体系，维持着高校的日常运作。第四，从权力来源看，高校内部行政权力来自于高等教育法等法律的规定，校长的产生方式一般以政府任命为主，权力行使中更强调效率和集中。

高校内部行政权力的特征还可以从其与国家行政机关行政权力、政府的高等教育行政权力、国家委托高校行使的行政权力的区别中进一步把握。

　　高校内部行政权力与国家行政机关行政权力的主要区别在于：一是权力语境不同。行政机关行政权力是相对于立法机关的立法权力、司法机关的司法权力而言的；而高校内部行政权力则是基于大学自治或高校自主的立场提出的，主要是相对于高校内部政治权力、学术权力而言的。二是权力来源不同。行政机关行政权力来源于法律的授权，其规则是"法无授权即禁止"，以防止行政机关滥用权力；而从应然角度看，高校内部行政权力来源于高校内部成员的授权，并非来源于法律的授权，它总体上是一种能动的权力，尽管高校内部行政权力也需要法律为其规定边界。三是权力对象不同。行政机关行政权力的对象既包括内部的，即本机关行政人员和下级行政机关，也包括外部的，即外部行政相对人；而高校内部行政权力的对象仅限于其内部成员，除非有法律、法规授权，不能对外部相对人实施管理行为和采取行政制裁性或强制性的措施。四是权力的组织特征不同。（李金奇，2005）[51-53]国家行政机关行政权力的组织结构带有统一性、封闭性、强制性特点；而高校行政权力的组织结构则具有多样性、开放性、民主性特征。

　　高校内部行政权力有别于政府的高等教育行政权力。高等教育行政权力是一种国家公权力，它对整个高等教育事业进行管理和控制，体现的是政府与高等学校之间的关系。高等教育行政权力对高校内部行政权力有一定影响。尤其是在我国，长期以来的集权管理模式模糊了高等教育行政权力与高校内部行政权力的界限，政府部门直接管理学校，以至高校内部的行政权力成为政府高等教育权力的延伸，高校法人地位受到侵犯，缺乏办学自主权。高校承担了大量的外部行政职能或称公共行政职能。随着制度改革，高校的这些外部行政职能开始淡化甚至消失，譬如以往的毕业分配工作，和国家的人事档案、临时户口、粮油关系、公费医疗等制度密切相关。毕业分配也因此成为公共行政事务的一部分。但这一职能随着就业的市场化而正逐渐消失。但在另外一些方面，高校的某些公共行政职能仍继续存在甚至得到加强。比如高校人事部门显然仍是整个政府人事行政系统的一个组成部分。

高校内部行政权力与国家委托高校行使的行政权力也有所不同，后者对高校而言属于受托行政权力。在德国，国家委托大学办理的事项被称为"委办事项"。高校内部行政权力与受托行政权力的不同之处有：其一，权力性质不同。高校内部行政权力是高校的固有权力，为大学自治和高校自主办学所必需；而受托行政权力则本为行政机关的权力，只是出于行政管理的需要委托高校行使。其二，法律后果不同。高校应自行承担其行使内部行政权力的法律后果；而根据行政委托理论，高校受委托行使行政权力的后果应当归属于委托人。

（3）学术权力的内涵和特征

较早对"学术权力"概念进行全面、系统分析的当数有着较大影响的《学术权力》一书。在这部书中，伯顿·克拉克明确提出十种学术权力的概念：个人统治（教授统治）、集团统治（教授统治）、行会权力、专业权力、魅力权威、董事权力、官僚权力（院校权力）、官僚权力（政府权力）、政治权力、学术寡头权力。他把从高等教育管理最上层（国家）到最底层（系或讲座）的决策机构和群体所享有的权力都称为学术权力。在《高等教育系统——学术组织的跨国研究》一书中，他又把学术权力划分为四种类型：扎根于学科的权力、院校权力、系统权力、感召力。所以，伯顿·克拉克使用的"学术权力"是一个很宽泛的概念，包括了整个高等教育系统中存在的各种权力。

国内学者研究的学术权力范畴要小一些，多指高校内部的一种权力形式。但学界对于学术权力概念的界定又有差异，大致可以划分为三种。（章晓莉，2006）[186-189]第一种是一般意义的理解，也是最多的一种理解，是高校中学术人员和学术组织所拥有和控制的权力。第二种是狭义的理解，认为高校学术权力的本质在于专业和学术能力。第三种是广义的理解，高校学术权力是指管理学术的权力。

在一般意义上，学术权力包括个人和组织的学术权力。个人即学术人员，包括教授、副教授等。但是，我们认为，个人的学术权力，更确切地说，应为一种权利。因此，本书在学术组织的意义上使用学术权力的概念。其特征是：第一，权力主体是学术组织。学术组织是决定学术事务的组织，如学术委员会、教授委员会等。第二，权力客体和内容是学术事务。学术事务包括课程设置、教学计划、招生政策、学位标准、学术人员聘任与晋级等的学术评价以及事关学术发展的激励政策。我国相关法律对此有明确规定。如《高等教育法》第四十二条规定："高等学校设立学术委员会，审议学科、专业的设置，教学、科学研究计划方案，评定教学、科学成果等有关学术事项"。第三，从机构设置上看，学术组织是以学科为核心的，上下级组织之间不存在领导与被领导的关系；而且，学术组织多为非常设机构。第四，学术权力源自学术自由。学术自由是学术进步与繁荣的前提条件，对学术问题不能简单地采取下级服从上级、少数服从多数的方式来决定，而应当进行充分的研究协商，广泛吸收学者的意见，在有科学依据的基础上做出决策。布鲁贝克认为，对学术权力的保障，首要的是坚持学术自由的权利，他认为学术权力的合理性与合法性是以学术自由为标准的，学术权力必须通过民主、自由的方式获得，并且不得损害公众的利益。（布鲁贝克，2002）[48]

我国学者张斌贤认为，如果说我国过去半个多世纪高校内部管理体制主要是处理政治权力和行政权力的关系问题，那么随着高等教育改革的推进，高校内部管理体制的主要问题将是如何处理政治权力、行政权力、学术权力三者之间的关系问题。（张斌贤，2005）[36-42]

要处理好三者之间关系，首先应当明确的是，高校除存在权力结构外，还存在复杂的权利结构，如高校师生的人身权、财产权、学术自由、宗教信仰自由等。这里，我们关注的是三种权力与学术自由的关系。中外大学发展的历史表明，学术自由是探求真理、发展学术和繁荣学术的基本条件，学术自由是大学的精神象征。在西方，学术自由是大学历经艰苦奋斗从教会和政府那里争取到的一种保证师生自愿参加教学、学习和科研活动的权利。现在，学术自由已成为世界不少国家宪法所规定的一项基本权利。从前述权力与权利的关系看，在高校，无论是这三种权力的行使，还是处理三者之间的关系，都应当以保障学术自由为目的。本书还将专门探究学术自由问题。

2. 政治权力、行政权力与学术权力的关系

为了研究的方便，下面我们分别探讨政治权力与行政权力的关系、政治权力与学术权力的关系、行政权力与学术权力的关系。

（1）政治权力与行政权力的关系

在我国，高校的领导体制是党委领导下的校长负责制。在高校中增设党的领导是我国高校内部权力结构的一个重要特色，主要是为了把握高校办学的社会主义方向，监督高校各个系统贯彻党的教育方针。党委负责决策，主要讨论人事、组织、思想政治、预算、学校发展规划等重大问题。校长为首的行政系统负责执行，根据党委决议落实有关教学、科研等方面措施。虽然党委和校长有明确的职能分工，但《高等教育法》的规定过于原则化，没有明晰界定党委的政治权力和校长的行政权力其各自的权力范围和相互关系。

根据现代政党的执政经验，"政治领导"最有效的途径是将党的意志通过民主的立法程序变为法律规定。因此高校政治权力与行政权力的关系应当是：党委根据党的方针、政策和学校的实际对事关学校办学方向及发展建设的重大事项提出议案，并以自身的思想政治工作保证这些议案为学校相应的权力机构所通过，同时监督校长主导的行政机构的实施。

除学校一级外，在院系一级也存在党政组织，但两者在权力的集中掌握者和体现者以及相应的操作运行机制上是明显不同的。相对于学校一级，院系行政负责人的权限相对较大。按照《中国共产党普通高等学校基层组织工作条例》的规定，院系党组织的政治领导表现为：（一）宣传、执行党的路线方针政策及学校各项决定，并为其贯彻落实发挥保证监督作用。

（二）通过党政联席会议，讨论和决定本单位重要事项。支持本单位行政领导班子和负责人在其职责范围内独立负责地开展工作。（三）加强党组织的思想建设、组织建设、作风建设、制度建设和反腐倡廉建设。具体指导党支部开展工作。（四）领导本单位的思想政治工作。（五）做好本单位党员干部的教育和管理工作。（六）领导本单位工会、共青团、学生会等群众组织和教职工代表大会。因此，院系党组织的政治领导作用，在根本上是一种保证作用、监督作用、协调作用。而院系的行政领导作用是指行政负责人在院系教学科研和其他行政业务工作中的组织领导作用，确保基层单位教学中心工作任务的完成以及相应行政事务工作的正常开展。根据《高等教育法》，对于基层教学单位而言，其主要工作任务就是学校的中心工作，即教学和科研工作。有效实施这一工作，必须赋予行政组织以及行政负责人相应的权限，这也是确立院系行政负责人负责制的根本依据。

（2）政治权力与学术权力的关系

政治权力与学术权力的关系体现在三个方面：首先，政治权力要尊重学术权力。高校是传递高级文化、探究高深学问、培养高级人才的机构，崇尚学术自由历来为中外大学所追求的理念，提倡学术自由，坚持学术自治，尊重学术权力，并在其内部管理体制上予以体现是世界上许多大学的普遍做法。学术贵在创新，学术创新必须以学术自由为前提。政治权力过泛，高校党委对高校事务事无巨细一概包揽，不仅不能处理好本应由专门知识群处理的学术事务，而且也会影响政治权力本身的功效。（李金奇，2002）[90-92]其次，学术权力监督政治权力。学术权力代表着学术事务的最高权威，应当从学术角度有效地发挥其对政治权力的监督职能。最后，学术权力巩固政治权力。学术权力越是得到了张扬，就越能促进高校学术水平的提高和推动高校的发展。而高校的发展将使政治权力的正当性得到进一步的巩固。

（3）行政权力与学术权力的关系

"学术性的学科和行政性的组织系统并存，学术权力与行政权力同在"，是"高校区别于其他社会组织的标志"。（范德格拉夫，等，2001）[174-184]共存于高校的这两种权力的关系表现在下列几个方面。

首先，行政权力与学术权力都是大学自治权力或者高校自主办学权力。大学自治在西方有着悠久的历史传统，我国法律上的表述是高校办学自主。对于大学自治的概念，"其实是指内部事项。譬如，大学的组织、大学的课程、大学的人事、大学内部经费的运用、大学的发展方向等，应由大学自行订立规范，自行运作，在法律范围内，国家不得加以干预"。（贺德芬，1998）[91]大学自治应当满足的一个基本要求就是：大学治理的内容是其内部的事项，主要包括学术上的自由和管理上的自主。而学术权力和行政权力正是为了保障和实现这一学术上的自由和管理上的自主。

其次，行政权力与学术权力曾有混合行使的历史。自公元 1088 年意大利诞生了世界上第一所大学——博洛尼亚大学开始，大学就作为传承、研究和传播知识的场所，作为与中世纪教会势力和封建权贵相对立的力量而远离社会。由于学校的规模与事务都非常有限，掌握和控制大学的主要是学者行会，所以大学的管理者就是学者，学术权力和行政权力混合行使很难区分。发展至 19 世纪初，由于工业革命的迅猛发展，大学逐渐贴近社会，一方面大学教授在内部管理方面仍享有较大的权力，另一方面也因学校管理等事务增加，而出现了专门从事管理的机构和阶层，显现出行政权力和学术权力区别行使的萌芽。行政权力的相对独立也与学术权力自身存在的多方面不足有关：一是由于学术权力是以个人的学术水平以及对知识的占有量为基础的，因而，学术权力更多地追求个人学术水平的提高，关注本学科领域的发展，很难兼顾全局的利益；二是对知识的探求决定学术权力需要的是自由、松散甚至无政府的环境，在决策上强调民主与平等，这不可避免地牺牲掉效率和秩序；三是学术权力常有"门户之见"。（沈刘峡，2002）[88-91]

再次，高校内部行政权力与学术权力的区别标准具有相对性。这是因为，高校一些事务很难做出准确划分。譬如，我们很难说教学和科研经费的分配，教师的聘用、管理及工资确定等究竟是学术事务还是行政事务，我们只能笼统地说大学内部存在行政事务和学术事务两种内容，但纯粹的学术事务或纯粹的行政事务在大学管理的实际过程中是很难区别的，它们本身交融在一起。因此，学术权力的对象既包括以学术性为主的事务，又涉及以行政性为主的事务，如招生计划的制订与修改、年度工作计划的确定、经费审批与使用、干部任免以及人事调动等。（武立勋，等，2004）[34-36]关于行政权力与学术权力区别标准的相对性，约翰·考尔森在1960年所著的《大学和学院的管理》一书中曾提出，大学决策管理存在学术事务管理与行政事务管理这两种截然分开的不同管理，它是大学内部决策过程中一种独特的组织结构双重性。但1975年后他修正了自己的观点，指出并讨论了大学决策管理中将学术事务与行政事务组织截然分开所造成的问题，又重新提出学校应建立校务委员会或校评议会来进行高校事务的决策管理。（刘牧，2003）[70-73]需要明确的是，在高校，校长、处长等可能是由教授或其他学术人员担任，但校长、处长都是行政系统正式的权力职位。虽然这些职位由教授等学术人员担任，但是当其在行政职位上行使权力时，应视为行政权力。

又次，学术权力与行政权力存在交织。在高校，学术权力经常与高校的行政权力交织在一起，共同发挥作用，而且学术权力行使的结果通常需要由行政权力加以确认。（王青斌，2006）[13-19]以硕士学位的颁发为例，首先由学位论文答辩委员会负责审查硕士学位论文、组织答辩，就是否授予硕士学位做出决议，然后由学位评定委员会负责对学位论文答辩委员会报请授予硕士学位的决议，做出是否批准的决定，最后再由学位授予单位在学位评定委员会做出授予学位的决议后，发给硕士学位证书。（参见《国务院学位条例》第九条至第十一条规定）在硕士学位授予的过程中，学位论文答辩委员会行使的是学术权力，由组成论文答辩委员会的学者做出判断，而学位评定委员会和学位授予单位行使的则是行政权力。

最后，行政权力与学术权力存在互动。一方面，学术权力作用的良好发挥必须依赖行政权力从高校外部获得信息、资源的支持；另一方面，行政权力的存在和维系必须以促进与推动学术权力所服务的教学和学术事业为根本目的，否则，高校就可能失去其传播高深学问和培养高级人才的根本特性而异化为行政权力的附庸。两种权力良性互动，才能实现高校的目标。因而，有学者将这两种权力比喻为高校组织这架马车上的两个"车轮"，缺一不可，两者平衡协调一致地运转，高校才能平稳快速地前进。两个轮子要适度地保持距离，不能由一方取代另一方变成独轮车，否则高校的发展将失去平衡。（陈想平，2006）[62-65]

（三）高等学校内部权力构成及其关系：基于权力运行过程

1. 权力运行过程的权力构成：决策权、执行权和监督权

建立结构合理、配置科学、程序严密、制约有效的公共权力结构和运行机制，保证权为民所用是我们党一直在努力解决的课题。经过探索，十七大明确提出"建立健全决策权、执行权、监督权既相互制约又相互协调的权力结构和运行机制"的思想。这表明我们党对公共权力运行规律的认识深化了，为今后优化我国的权力结构，推进权力制约监督机制建设指明了方向。

所谓"决策权、执行权、监督权既相互制约又相互协调的权力结构和运行机制"，是指按照权力运行过程的职能分工原则来配置的权力结构和体制。即按照现代管理过程所具有的决策、执行、监督等不同环节，把权力划分为决策、执行、监督三种相对独立的职能，并交由不同部门分别行使，从而形成"三权"既相互制约又相互协调的职权配置形式和相互关系。

决策权属于原生性权力。决策权运用的目的是为了谋求共同体的根本

利益和长远利益。决策权的运用形式有两种：一是制定抽象规则。以该规则约束共同体全体成员的行为。二是决断个别事项。该共同体如为国家，制定抽象规则即指立法；决断个别事项即对国家重大或重要事项进行决断。当然，共同体成员可能会对何为共同体的根本利益和长远利益产生分歧，这时通常采用多数正义的判断标准，即经由少数服从多数原则决定的事项即被认为代表了共同体的根本利益和长远利益，尽管这一假设事实上并不总能够成立。

决策权主体有自权主体和受权主体之分。所谓自权主体，指行使决策权的主体为共同体自身，其行使的决策权为一级决策权。所谓受权主体，是指行使决策权的主体为某一经共同体授权的主体，其行使的决策权为二级决策权。该共同体为国家时，自权主体是指人民，受权主体是指作为代议机关的议会。如民主国家采用全民公决形式对重大政治问题做出决断时，拥有全民公决投票权的人民即为自权主体。议会根据人民的授权制定法律和决定重要问题时，则为受权主体。由于受权主体运用决策权时比自权主体更具有便捷性、专业性等方面的优势，因而实践中成为经常行使决策权的主体。但由于其权力来源于自权主体的授权，其运用过程中难免会出现违背授权目的的情形，这就有了对受权主体进行监督的必要。

执行权属于派生性权力。运用执行权的目的是为了将代表共同体根本利益和长远利益的决策予以落实。共同体为国家时，执行权由行政机关——狭义的政府——行使，即执行主体为行政机关。由于决策权行使结果的抽象性，以及执行过程中出现的情势变更，执行权在行使过程中可以获得决策权主体的某种范围的授权，在此授权范围内或者根据决策事项的性质享有自由裁量的空间，但自由裁量时不能超出决策权主体的授权范围，也不能有违决策事项的目的。执行过程中如遇属于决策权范围的情势时，应及时提请决策权主体做出决定。由于信息的不对称，实际上并不能保证执行权主体的执行过程和执行结果符合决策权主体的预期，因而也有必要对执行过程和执行结果予以监督。

监督权则是伴生性权力。从根本上说，监督权属于享有决策权的自权主体。这是因为，授权主体所做的决策并不总能够符合自权主体即共同体的根本利益和长远利益，在其偏离时，自权主体可以予以纠正，必要时可以更换受权主体；而即使受权主体和自权主体做出了符合共同体根本利益和长远利益的决策，执行主体同样未必能够确保该决策的完全执行。自权主体如果没有监督权，其决策权最终必然落空。毫无疑问，受权主体和执行主体虽然都应以共同体的根本利益和长远利益为依归，但它们本身又都有各自的利益。如果没有有效的监督，其利益衡量的结果很可能是追求自身利益而不是共同体利益的最大化。

自权主体虽然有监督的需求，但由于其分散性和非专业性等特点，在自行监督的同时，还常设立专门的监督主体行使监督权，以保证监督的效果。在国家层面，该监督主体主要为司法机关。由于国家事务的庞杂性，行政机关内部也设立了监督部门。

2. 高等学校内部的决策权、执行权和监督权及其关系

按照权力行使的过程和阶段，将其分为决策权、执行权和监督权，几乎可以适应于现代社会的一切管理领域。十七大提出的建立决策、执行、监督"三权"分工制约的权力结构主要是针对公共权力领域。公立高等学校被认为是一个准公共权力机构，因而这一分类对于公立高等学校也是适用的。本书所研究的高校亦限定为公立高等学校。

高校内部"三权"的运行过程大致是：我国高校实行党委领导下的校长负责制，最高决策权由党委掌握。党委的决策权是上级党组织的授权和本校教职工经由本校党员组成的党员代表大会的授权的结合，是受权主体。党委的决策应体现全校师生特别是教职工的根本利益和长远利益。对于学术事项，决策权应逐渐转移到以教授为主体的教授委员会、学术委员会等最高学术权力机构行使。以校长为首的行政部门则行使执行权，落实党委和学术权力机构的各项决策。党委和学术权力机构有权对执行过程予以监督。教职工代表大会则作为制度化的机构履行监督权,对党委的决策和校长的执行予以监督。此外,教职工和学生作为个体也享有对党委等的决策权和校长执行权行使状况进行监督的权利。

高校内部"三权"有规范意义、应然意义和实然意义三种不同的状态。规范意义上的"三权",是指实定法规范对于决策权、执行权和监督权所作的规定。实定法规范有不同层次,包括《高等教育法》等法律以及高校章程等,在广义上也包括《中国共产党普通高等学校基层组织工作条例》等党内规范性文件。按照法治原则的要求,各权力主体均应按照实定法规范行使权力,既要遵守实体法规范,也要遵循程序法规范,否则就是违法,应当承担相应的法律责任。

实然意义上的"三权",是指决策权、执行权和监督权的实际运行状态。该实际状态可能与实定法规范一致,也可能偏离实定法规范。实然意义上的"三权"偏离规范意义上的"三权"越远,表明依法治校的程度越低,相关法律的实施效果越差。

应然意义上的"三权",是决策权、执行权和监督权的理想状态。其蕴含着价值判断,体现的是为实现高校的办学目标而使决策权、执行权、监督权的配置和运行处于动态的最佳状态。应然意义上的"三权"与规范意义上的"三权"及实然意义上的"三权"均可能存在不一致的情形。这就需要:首先,研究规范意义上的"三权"配置是否科学合理。如果科学合理,即与应然意义上的"三权"配置协同。其次分析实然意义上的"三权"是否与这两者一致,如果不一致,就应采取纠偏措施。如果规范意义上的"三权"配置不那么科学合理,就应当加以修改,使其与应然意义上的"三权"配置协同。最后根据修改后的实定法规范,调整各个权力主体的行为。

高校内部"三权"的关系是:

决策权处于中心地位,注重科学和民主。十七大报告强调"要完善深入了解民情、充分反映民意、广泛集中民智、切实珍惜民力的决策机制，推进决策科学化民主化。各级决策机关都要完善重大决策的规则和程序，建立社情民意反映制度"，要"完善专家咨询制度，实行决策的论证制和责任制，防止决策的随意性"。这些都是决策科学和民主的要求，对于高校也是适用的。

执行权处在中间环节，更为关注效率。高校做出的高质量决策能不能予以落实，关键在执行环节。因而执行权更强调效率。为此，高校就必须建立一支以校长为首的精干、廉洁、高效的行政管理人员队伍，并赋予校长履行职责所必需的权力。

监督权贯穿在权力运行全过程，对保障决策民主化和行政高效率具有重要作用。这种监督是一种全过程、全方位、全员性的监督。所谓全过程，即在高校决策前、决策和执行中以及权力运行结束，都要进行监督，即包括事前、事中和事后三种监督。所谓全方位，是指在监督对象上，包括政治事务、行政事务和学术事务；监督方式上，既包括一般监督，也包括监察、审计等专门监督。所谓全员性，是指监督主体既包括制度化的机构，如教职工代表大会等，也包括作为个体的师生员工。

长期以来，包括高校内部管理体制在内的我国政治体制一直存在权力过分集中的弊端，虽经三十多年改革，但权力过分集中的倾向仍是权力结构的基本特征。权力过分集中的表现，就是决策权、执行权、监督权事实上的"三权合一"现象。权力的主体既是决策者，又是实施者，还是监督者。"三权"集中于个人或者某个组织，从而形成"绝对权力"，极易导致个人专断、决策失误、官僚主义、滥用职权、贪污受贿等腐败现象。为此，需要进行流程再造，形成分工制衡的权力结构和权力关系。通过这样的权力分割，使任何个人或者组织都不具有"绝对的权力"，使每一个环节权责明确、各司其职，可以使决策更加科学，执行更加高效，监督更加有力，最大限度地防止权力的消极作用。

（四）学术自由与大学自治

研究高校内部权力构成及其关系的根本目的在于促进学术自由，实现大学自治。

1. 学术自由

（1）学术自由的要素

学术自由，有时也称学问自由，是中外学者一直众说纷纭的一个概念。这在很大程度上源于学者观察视角的不同。众所周知，西方现代学术自由的观念产生于19世纪初威廉·洪堡创办柏林大学时所提出的"学术自由观念是大学的核心"，"教学与科研的统一性"等现代大学的基本原则。在他看来，学术自由包括教的自由与学的自由。"教师在专业上享有自由探讨、发现、出版、教授在各自专业领域内所发现的真理，并且这种自由不受任何的限制，也不听从任何权威的指挥。任何主旨的政党和社会的舆论不得加以干涉。"这称之为教的自由。"学生在教授的正确方法指导下，在专业学习上拥有探讨、怀疑、不赞同和向权威指出批评的自由，有选择教师和学习什么的权利，在教育管理上参与评议的权利。"这叫作学的自由。（张宝昆，1988）[37-40]可见，洪堡的定义是从学术自由的主体和内容出发的。日本宪法学者芦部信喜则从学术自由的性质上做了考察。他认为，学问自由属于思想自由和表达自由。学问自由的中心，是以发现、探究真理为目的的研究自由。这是内在精神活动的自由，构成了思想自由的一部分。并且，如果研究的结果无法发表，研究本身最终则是无意义的，因此学问自由当然也就包括研究发表的自由。研究发表的自由，是属于作为外在精神活动自由的表达自由的一部分。（芦部信喜，2006）[147]

在学者个人的努力之外，一些组织也试图对学术自由加以界定。如1970年，美国大学教授协会确立的学术自由原则包括：①教授有权利在自我约束和智力诚实原则下探求真理，他的其他利益不能妨碍这种探求的自由；②教授需尊重学生并作为学生的楷模，他们必须评价公正，妥善处理纠纷，保护学生的学术自由；③教授之间可以展开批评，但需抱着学术的态度和对彼此观点与发现的尊重；④教授审视所在大学的规章制度，一旦有不合适处，就尝试去改变，并要成为有效的教师和学者；⑤教授以私人身份发表的言论或实施的行为，不能给人留下代表所属大学的印象；⑥教授有自由报告其发现真理的权利，但同样要展示反对观点和避免无关紧要的观点或材料；⑦终身教授在试用期满后，其职位受保护，一直到退休或因以下三种原因解雇，即财政危机、学术能力不能胜任、道德问题；⑧终身教授应具有作为教师和学者的学术能力。（王建梁，2003）[54-55] 1988年，致力于教育、发展和人权的非政府组织"世界大学会社"，在利马召开的大会上通过了《学术自由和高等教育机构自治宣言》。在这一文件中，学术自由被定义为：学术团体成员，个人或集体，通过研究、学习、讨论、教学、讲座、写作、生产、创作等方式，发展、追求和传播知识的权利。（DANIEL, et al., 1993）[2]

在我们看来，学术自由作为一种权利和自由，包括主体、内容和客体三个要素。对此三要素的分析有助于对学术自由做出相对科学的界定。

第一，关于学术自由的主体。

学术自由的主体是指谁享有学术自由。需要厘清的相关问题包括：首先，学术自由的主体是组织还是个体？学术自由可以有集体性或机构性的学术自由与个体性的学术自由，即学术组织自治意义上的学术自由与学术活动中主体个人思想和表达自由意义上的学术自由。因而，组织和个体都可以成为学术自由的主体。但是，个体学术自由是组织学术自由的基础，组织学术自由的实现有赖于个体学术自由。尽管学术自由的主体包括了大学等在内的学术组织，但是，从根本上说，学术自由是一项公民权利或人权，学术组织的自由权或自治权利是公民权或人权的引申、派生，是为了更好地保障个人的学术自由，是个体学术自由实现的一条途径或一种方式，而不是个人学术自由的对立物。因而，学术自由首要的和核心的主体是个体。

其次，学术自由的主体是可能的主体还是现实的主体？从可能性上讲，所有的个体都有可能从事学术活动，成为学术自由的主体；但从现实性上看，并非所有的个体都在实际从事着学术活动，特别是将学术活动作为实现自己生命意义的职业而加以追求。进言之，在现实性上，对学术自由的主体亦有不同的观点。一种观点是将学术自由的主体限定为学术组织中的教师和研究人员，"一切学术研究或教学机构的学者和教师们，在他们研究的领域内有寻求真理并将其晓之于他人的自由，而无论这可能会给当局、教会或机构的上级带来多大的不快，都不必为迎合政府、宗教或其他正统观念而修改研究结果或观点"。（沃克，1998）[352]另一种观点认为学术自由的主体是教师和学生，如"学术自由指教师的教学与学生的学习，有不受不合理干扰和限制的权利，包括讲学自由、出版自由及信仰自由"。（光复书局大美百科全书编辑部，1990）[36]我们认为，虽然不宜将学生排除在学术自由主体之外，但学术自由的主体主要是以大学为代表的学术研究与教学机构中的教师和学者当是无异议的。

最后，如将教师和学生作为学术自由的主体，凡承认学术自由的国家基本上没有什么异议。争论的焦点主要在于：大学以外的中小学教师和学生是否享有学术自由，即能否成为学术自由的主体。对此问题，在日本，宪法规定的学术自由在适用于中小学的教师与学生方面应受到限制是得到承认的。（宫泽俊义，1990）[36]

第二，关于学术自由的客体。

学术自由的客体即学术自由的主体所指向的对象，即学术。具体看，学术自由客体有三类（谢海定，2005）[16-32]：①从事学术活动的行为，具体包括学术研究、学术成果的发表、学术交流、教学、学习以及这些行为的辅助行为或派生行为（例如学术机构中日常生活的管理、学术课题申报和评审中的纯事务性工作等）；②学术观点、思想，形成和表述这些观点、思想的方法，以及这些观点、思想和方法的载体（如书籍、论文、言论）；③与学术活动不可分离的资源，如接近学术机构的机会、学术职位的占有和维持、开展学术活动所需要的适当场所、学术成果发表的途径、学术交流的渠道等。

第三，关于学术自由的内容。

学术自由的内容是学术自由主体在法律范围内自主支配自己的行动，他人不得强制。对组织的学术自由而言，要求免于学术组织外部的强制，实行大学自治。大学自治，作为学术自由的一种制度性保障，主要是为保障教师、学生的学术自由而提供必要的物资、管理及选择教师与学生的自主空间，从而免于学术以外的其他势力干涉。（温辉，2003）[113]主要内容包括：①大学或研究机构的教师和研究人员，在理论上都被认为和法官一样，在职务上要保持独立性，不受上级行政当局的指挥和支配；②学校的行政、教授和研究人员的人事安排要有一定独立性；③学校（校园）的内部秩序、大学的设施和学生生活由学校自己组织师生来管理。（李步云，1998）[566]而对个体的学术自由而言，外部强制包括两方面，一方面是来自于学术组织外部的强制，主要是来自政治力量的强制；另一方面则是来自于学术组织内部的强制。而这种学术组织内部的强制往往正是学术组织自治或自主管理下的强制，是集体性学术自由意义上的强制。

基于上述分析，结合我国的实际和研究的需要，可对本书所要探讨的学术自由给出狭义界定：学术自由是指以大学为代表的学术机构中的教师和学者在宪法与法律规定的范围内自主从事学术研究而不受外部强制的权利。

（2）学术自由的正当性

为什么学术必须是自由的？西方不少学者如富奇斯、柯克、胡克、包尔生、雅斯贝尔斯、琼斯、费尔曼等都对这一问题有过讨论并各有贡献。但最具有说服力的，当推布鲁贝克的认识论、政治论和道德论三维概括。他认为，学术自由的认识论上的正当性在于，"为了保证知识的准确性和正确性，学者的活动必须只服从真理的标准，而不受任何外界的压力，如教会、国家或经济利益的影响"（布鲁贝克，1998）[42]。而在政治论层面上，主要指学术自由需要政治的保障，而这种保障尤要通过宪法和法律保障得以实现。事实上，学术自由本身就是一种学者的理想，其实现绝非是学者的一厢情愿，即任何学术活动都根本无法脱离政治、经济以及其校内官僚机构对它的限制。因此，寻找宪法和法律的保护成为学术自由最好的途径。学术自由的道德论基础表明的则是这样一种观点，学术自由看起来似乎是为学者个人探索知识、追求真理服务的需要，但实际上这种自由的结果完全是为了社会及公众利益的需要。如费尔曼等人所说，"社会依靠高等学府作为获得新知识的主要机构，并作为了解世界和利用它的资源改进人类生活条件的手段"。（布鲁贝克，1998）[44]

从实证的角度看，学术自由可以促进高等教育的发达和科学技术的发展。德国和美国两国的情况为此做了很好的注脚。德国资产阶级革命胜利后，为确保学术自由的真正实现，经过德国学者们的共同努力，德国在历史上第一次将学术自由写入了宪法，以根本法的形式为学术自由提供了一种制度性的保障。在这种形势下德国的大学迅速走向辉煌。自1900年诺贝尔奖颁发以来，德国大学已产生近百名诺贝尔奖获得者，成为1933年以前全世界拥有该奖得主最多的国家。可以说正是学术自由理念的确立为德国大学的发展写下了灿烂的篇章。换言之，也正是德国大学在学术自由上的辉煌成就奠定了学术自由成为经典大学理念的基础。德国成为19世纪末世界科学文化的中心，德国的大学成为美国、日本等世界各国纷纷效仿的样板。（林峰，2007）[134-136]进入20世纪后，美国逐渐成为高等教育最为发达的国家，美国大学引领着世界高等教育的潮流。美国西北大学校长指出，正是因为美国大学拥有学术自由，才使得美国的大学办得这么好。他提到，上海交通大学有一个世界大学的排行榜，该榜上排在前50名的大学中有36所是美国的大学。一个国家的大学如何可以在世界前50名中占到70%？他认为正是因为美国的大学有学术自由，政府不

会对大学说谁应该怎么做，不会说教什么，谁该来教，怎么教等问题。（马晖，2010）

（3）学术自由的宪法规范

注重以成文宪法保障学术自由的典型国家首推德国。早在1848年的《法兰克福宪法草案》第一百五十二条和1850年普鲁士宪法第二十条中先后出现关于学术及其教学自由的规定，这是最早在宪法中引进学术自由的条款。（杨克端，等，2007）[214] "一战"后，魏玛宪法第一百四十二条亦保障艺术、学术及其讲授的自由。"二战"后，德国基本法第五条也规定了保障研究与讲学的自由。可见，在德国，从普鲁士宪法、魏玛宪法到德国基本法，无不保障讲学自由。

20世纪初以来，学术自由逐步成为不少国家宪法保护的基本权利之一。据对世界上142个国家宪法的统计，规定学术自由的有34个。（马尔赛文，等，1987）[138]各国宪法一般在"公民基本权利"这类章节设立学术自由的条款，这些条款可以分为几种情况：

一是从基本权利的角度做出一般规定。采用这种模式的国家较多，有意大利、土耳其等。如意大利1947年宪法第三十三条，"艺术与科学自由，讲授自由"，土耳其1982年宪法第二十七条，"每个人都享有自由学习、传授、解释和传播科学艺术的权利，有对科学艺术进行各种研究的权利"。这种模式旨在说明学术自由的消极权利性质。

二是从国家义务的角度做出一般规定。采用这种模式的国家有日本、西班牙、埃及等。如日本1946年宪法第二十三条，"保障学术之自由"。西班牙1978年宪法第二十条第1款，"承认并保护的权利：1. 以口头、书面或任何其他复制的方式自由表达和传播思想、想法和意见。2. 文艺创作、科技发明。3. 讲学自由……"埃及宪法第四十九条规定"国家保证公民的科学研究和艺术创作自由，并给予鼓励"。苏联东欧剧变后，俄罗斯、匈牙利、克罗地亚、斯洛伐克、斯洛文尼亚、白俄罗斯、马其顿等国家也大多采用这种模式。俄罗斯联邦1993年宪法第四十四条规定："保障每个人的文学、艺术、科学、技术和其他类别的创作、教授自由。"匈牙利1990年宪法第七十条第1款指出:"匈牙利共和国尊重并支持科学和艺术生活自由、课程自由和教育自由。"克罗地亚1990年宪法第六十八条规定:"科学、文化和艺术创造的自由受到保障。"马其顿1991年宪法第四十七条规定:"保证学术、艺术及其他形式创作的自由。"这种模式意在强调国家负有尊重和保障学术自由的义务。

三是在规定为基本权利的同时,禁止妨碍该自由的实现。采用这一模式的国家不多。如比利时宪法第十七条的"教学自由。禁止一切妨碍教学自由的措施"。这种模式体现了制宪者对于国家权力干涉学术自由的高度警惕。

四是既规定为基本权利,又加以必要限制。德国、马尔代夫等国家采用这一模式。德国1949年基本法第五条第3款规定:"艺术和科学,科研和教学是自由的。教学自由并不免除对宪法的忠诚。"马尔代夫1968年宪法第十六条规定:"在不违反教律和法律的情况下,有获得知识和传授知识的自由。"这种模式下,制宪者并不认为学术自由是一种绝对的基本权利,而是可以通过宪法和法律进行限制。

五是既规定为国家义务,又进行必要限制。如巴拿马1972年宪法第一百条的"承认讲学自由,除大学章程出于公共秩序原因而规定的限制外,不得有其他限制"。哥伦比亚宪法第四十一条规定:"保障教育自由。但国家可对公立和私立教育机构实行最高级的检查和监督,以力求实现文化的社会目标,使受教育者得到最好的智育、德育和体育。"这种模式下,国家负有承认和保障学术自由的义务,但由于国家义务又是国家职责,为防止其以承认和保障学术自由之名,行限制和侵犯学术自由之实,而对其在方式和目的上进行规范。

另外,还有不少国家的宪法尽管没有使用"学术自由"、"科学研究自由"、"讲学自由"等语词,但是经宪法适用机关的解释,其关于思想自由、言论自由、出版自由等条款被认为逻辑地包含了学术自由的某些重要方面。例如美国宪法第一修正案规定的"联邦国会不得立法剥夺言论自由和出版自由",在1957年斯韦齐诉新罕布什尔州案中被联邦最高法院认定为包含了对学术自由权的确认和保障。首席大法官沃伦借由此案提出了大学的四项基本自由,"自己决定谁来教,教什么,怎么教,以及谁可以入学"。

值得注意的是,自20世纪中叶开始,学术自由也逐渐进入国际人权法领域。《经济、社会和文化权利国际公约》第十五条第3款规定:"本公约缔约各国承担尊重进行科学研究和创造性活动所必不可少的自由。"《公民权利和政治权利国际公约》、《欧洲人权公约》、《美洲人权利和义务宣言》、《非洲人权和民族权宪章》等诸多国际人权法文件中有关思想自由、言论自由、出版自由、意见自由等的规定,亦涉及学术自由的一些方面。同时,在联合国教科文组织的框架下,《教师地位规约》、《科学研究者地位规约》均涉及学术自由的制度性保障问题。此外,在世界大学会社、国际大学协会、国际大学教授和学者联合会以及其他国际非政府组织的推动下,还诞生了许多直接针对学术自由的宣言、声明,例如《学术自由和高等教育机构自治宣言》(Lima,1988)、《学术自由和学术社会责任宣言》(Dar Es Salaam,1988)、《知性自由和社会责任宣言》(Kampala,1990)、《学术自由和大学自治声明》(Sinaia,1992),等等。(谢海定,2005)[16-32]这表明,学术自由正在成为国际社会普遍承认的一项基本权利。

(4)中国语境中的学术自由

我国1982年《中华人民共和国宪法》(以下简称《宪法》)第四十七条规定:"中华人民共和国公民有进行科学研究、文学艺术创作和其他文化活动的自由。国家对于从事教育、科学、技术、文学、艺术和其他文化事业的公民的有益于人民的创造性工作,给以鼓励和帮助。"本条实际上就是对公民科学研究和文化活动等学术自由权的保障。(蔡定剑,2004)[248]可以认为是学术自由在中国宪法中的表达。《高等教育法》第十条规定:

"国家依法保障高等学校中的科学研究、文学艺术创作和其他文化活动的自由。"该法并规定了高等学校的各项办学自主权。中共中央、国务院印发的《国家中长期教育改革和发展规划纲要（2010—2020年）》指出要"尊重学术自由，营造宽松的学术环境"。这是学术自由第一次被写进我国的官方文件，对于推动我国高等教育事业的发展、建立现代大学制度无疑具有重要意义。

上述宪法、法律和文件虽然均对学术自由有所规范，但由于中国缺少学术自由的传统和积淀，要使纸面上规定的学术自由转化为实践中的学术自由，还有漫长的道路要走。以当下的中国语境，我们认为尤应注意认识和把握如下几个方面的问题：

首先，学术自由不只是从事自然科学研究的自由。我国宪法第四十七条规定了科学研究自由，这里的"科学研究"，包括自然科学，也包括社会科学。不过，这只是一种通常的学理解释。全国人大常委会作为法定的宪法解释机关，并未对其做出正式解释。衡量一个国家、一个社会的学术自由程度，最重要的尺度不是宪法上是否作了规定，也不是开展自然科学研究是否存在限制，而是从事社会科学研究是否预设了禁区。科学研究，特别是社会科学研究，需要有一定的独立性，具备多元性。它只服从真理，而不能被强迫必须为统治阶级服务。当然，我国是中国共产党领导的社会主义国家，从事社会科学研究应当符合四项基本原则的要求。

其次，学术自由不是绝对的自由。学术自由并非一种不受限制的自由，但基于学术自由的基本权利地位，对它的限制适用"基本权利的内在限制"规则。即应受到来自于其他基本权利或宪法价值的宪法体系上的限制。当学术自由与其他受宪法保护的基本权利产生冲突时，应依据宪法的价值秩序标准，并且保证宪法价值一致性，通过宪法解释来解决。在这类冲突中，学术自由对于与其相冲突的受宪法保护的价值，并不能永远居于优先地位。（李文章，2006）[37-40]在此方面，一些国家的宪法和法律可给我们以启示。如希腊宪法第十六条规定"学术自由和讲授自由并不免除任何人忠诚于宪法的义务"。又如泰国1991年宪法第四十条规定"学术上的自由权利受到保护,而它必须不与公民的义务相抵触"。再如法国1968年《富尔法案》一方面赋予教师和科研人员享有"完全的独立性和充分的言论自由",另一方面又提出该自由要根据"大学的传统和本法的规定,以客观和宽容为原则"。

再次,学术自由不受政府的不当干预。在政府规制与学术自由、大学自治之间,应有相对确定的界限,"让上帝的归上帝,恺撒的归恺撒",明确政府能干什么与不能干什么。这的确没有一条公理可循,在不同国家和不同领域中规则不一。在中国,学术长期以来受到政府的不当管制和干预甚多,尤应反思。学术归根结底是学者的事情,政府能做的主要是建立和维护基本的学术秩序,这首先包括设定建立学术机构、选任学术人员的标准,处理有关这方面的纠纷;其次是为公立学术机构安排和筹措资金,保证它们的正常运行;再次是制定必要的宏观的、框架性的发展规划;最后是设立尽可能少而精尖的奖励。这四者的重要性依次递减。至于学科建设、人才培养、课题研究、教材编写与使用、学术评价、岗位设置等宜交由学术机构和民间团体自主处理。(郑永流,2004)[178-186]

又次,防止学术机构对个体学术自由的损害。学术机构一方面为个体学术自由的实现提供条件和平台,另一方面也蕴含着侵蚀学术自由的危险。特别是当前在各高校建设"世界一流大学"、"国内一流大学"等目标的冲动中,尤其容易出现某些违反学术规律、损害学术自由的措施。高校应尽可能地远离功利学术,主要通过激发教师和科研人员从事学术研究的自觉性,使其保持一种"不为一己之利所诱惑、不受世俗需求所驱使"的精神,以严肃认真的态度坚持学术研究的问题,获得内心满足。高校虽然可以对学术成就突出的教师和科研人员给予表彰奖励,但对全体教师和科研人员进行数字化、教条式的定期定量考核,完不成任务的予以惩戒乃至降低待遇等,是有违于学术规律、有损于学术自由的。因为学术生命的本质在于创新，但是创新通常都是厚积薄发的结果，要求一个教师或科研人员一年内有多个学术创新（通常以论文表现出来），是不太可能的事情，必将助长学术浮躁和不端。

最后，以司法途径维护学术自由。司法既是保证社会公平正义的最后一道防线，也是维护学术自由的最后一个屏障。尽管我国宪法明确规定了公民从事科学研究的自由，但对于这一自由的内容和界限还缺少来自司法实践的阐释。近年来发生的诸如颇受社会关注的北京某高校教师因"没有教师资格证"被停课、上海某高校教师因上课时有批评时局的言论被举报和侦查等一系列关涉学术自由的事件，本应是以司法维护学术自由的恰当契机，但遗憾的是这些争端最终并未通过司法途径来解决。由此可见，要将宪法"本本"上规定的学术自由贯彻到实践中，还有一段漫长的道路。

2. 大学自治

（1）何谓"大学自治"

"自治"，在中国史书中最早出自《三国志·魏志·毛玠传》的"太祖叹曰：用人如此，使天下人自治，吾复何为哉"。自治的思想和制度在西方社会源远流长，英文中的"autonomy"在古希腊语中是"autos"（自己）和"nomos"（法律）两词的结合。在古希腊思想中这一术语适用于城邦，表示一种城邦自治的政治概念，即如果一个城邦有权力按照自己的法律行动并管理自己的事务，城邦就拥有了自治权。进入近代社会以后，英美法系国家更倾向于自治权是人权的一部分，是与生俱来的天赋人权的认识；大陆法系国家则更多认为，自治权是国家与法律赋予的，自治与官治一起，共同组成了法治国家的行政管理制度。此外，在许多词典上"自治"被定义为"自我管理的权力"，抑或"自己管理自己"。因此，所谓自治，就是事物按照自身的逻辑规则方法自我管理，不受外来权力性干预的一种状态、制度和价值观念的综合。抽象而言，自治意味着主体自觉思考、自我反省和自我决定的能力，其核心在于主体自主、自律、自由地管理自己。尽管"自治这个概念现在充满了历史、经验和意识形态合理化的内容，以致几乎不可能谈论它的核心是什么"（索乌坦，1997）[254]，但从语义上讲，"自治"无疑与"他治"相对应，是建立在法治基础之上的政治理念与制度。（李升元，2011）[173-178]

需要说明的是，在法治社会，不但不排斥法治，相反，"自治"往往建立在法治基础之上，其过程包含着法治的精神。反映在现实生活中，表现为各种各样的自治法律关系的广泛存在。"所谓自治法律关系，是指基于有关自治法律规范的确认和调整而在自治关系当事人之间形成的权利义务关系。"（王圣诵，2003）[16]其特点主要有：①自治法律关系主体地位总体上趋于平等。自治法律关系与行政法律关系相似，但主体之间不像行政法律关系那样处于绝对的不平等地位。从发展趋势看，自治法律关系主体地位总体上趋于平等。②自治法律关系的包容性。这种包容性表现在：自治法律关系中既有宪法法律关系，如西方国家广泛存在的地方自治以及我国的民族区域自治，也有相互交织的行政法律关系和民事法律关系，如村民自治、大学自治，随着社会发展，其包容性将日益复杂。③自治法律关系司法审查的有限性。自治法律关系当事人之间发生纠纷时，一般多求助于谈判（协商）、调解、和解、申诉、行政裁决、仲裁等代替性纠纷解决方式加以解决，司法审查的范围极其有限。同其他法律关系一样，自治法律关系也是一种权利与义务关系，同样由主体、客体和内容三部分构成。自治法律关系的主体通常是指在自治法律关系中依法享有权利并承担义务的机关、组织和个人。自治法律关系客体通常是指自治法律关系主体的权利和义务所指向的对象和标的，财物、行为和精神财富都可以成为一定自治法律关系的客体。自治法律关系的内容通常是指自治法律关系主体在自治法上的权利和义务的总和。自治主体的权利主要包括自主权、自治权和发展权等；义务主要包括宣传宪法、法律、法规和国家政策，教育和推动自治体成员履行法律规定的义务——爱护公共财产，普及科技知识，维持团结与稳定，促进社会进步，开展各种形式的精神文明建设活动，服从政府管理，协助各级政府开展工作，履行自治章程、自治规章和自治协议等。明确了"自治"的基本内涵，进一步剖析大学自治也就有了基础。（李升元，2011）[173-178]

大学自治作为一种古老的传统，发端于中世纪大学。"中世纪大学的产生正是根植于中世纪欧洲城市这种得天独厚的土壤，而大学自治传统的历史渊源更直接脱胎于中世纪欧洲的城市自治和行会自治，拥有特许状就是中世纪大学自治的一个标志。"（和震，2003）[119-122]大学自治在19世纪到20世纪初发生了深刻的变革，英美等国以立法、经济手段逐步调控高等教育的职能，使得高等教育自中世纪以来的象牙塔式的自治传统发生了巨大的变革。大学自治开始主要限于校内的学术事务和财政事务，"自治"对于大学来说成为一个相对的概念。"二战"后，国家对高等教育的干预则日益增强。经济合作与发展组织在1981年的政府会议报告中指出："尽管高等教育体制在中央化和政治化的程度上大相径庭，但中央协调的趋势普遍加强，即使在那些高等学校自主性极强的国家（如美国）也是如此。"市场调节和社会参与的功能也逐步渗透，形成了高校、政府、市场和社会四者相互依存、相互促进并相互制约的运行机制。传统意义上的大学自治越来越多地受到政府、市场和社会的制约。在这一过程中，德国的"以教授组织为中心的大学自治模式"与美国的"理事会（董事会）领导下的大学自治模式"应该说是比较典型的，同时也是影响较大的。

通过上述分析不难看出，大学既不是一个完全自治也不是一个完全受控制的组织，而是作为社会发展到一定阶段的产物和受到多种相关因素作用的结果，只是一个相对的概念，其含义也随不同国家和不同时期而变化。（眭依凡，2001）[323]美国学者爱德华·希尔斯认为："所谓大学自治是指大学作为一个法人团体享有不受国家、教会及任何其他官方或非官方法人团体和个人，如统治者、政治家、政府官员、教派官员、宣传人员或企业主干预的自由。"（陈学飞，1996）[76]这反映的正是最初行会式大学所追求的大学的对外自治。而罗伯特·伯达尔（Robert Berdahl）把大学自治区分为两类，即实质性自治（substantive autonomy）和程序性自治（procedure autonomy），其中实质性自治是指大学或学院以团体的形式自主决定自身的目标和各种计划的权力——学术机构（academe）是什么，而程序性自治是指大学或学院以团体的形式自主决定实现这些目标和计划的手段的权利——学术机构如何做。（ROBERT，1983）[69]显然又将大学自治的内涵向前推进了一步，即由大学对外自治逐步深入到对内自治。原东京大学总长吉川弘之甚至提出固有自治和委托自治的分类。其中前者是建立在学术自由基础上的"大学自治"，这是根据学术发展规律提出的自治概念；后者是新的自治理念，认为学术发展固然需要"大学自治"，但"大学自治"制度并不是基于学术要求这一内部需求，而是基于社会需要这一外部要求，即"大学自治"是社会和国民委托给大学的权力。（郭为禄，冯望，2010）[11-18]现在看来，这一观点则接近于现代大学自治的内核。

"失去了自治，高等教育就失去了精华。"（布鲁贝克，1998）[28]只要大学还实体性地存在，大学自治作为一种理念和精神就将是大学永恒的主题。通过对世界范围内几百年来大学自治实践的梳理清晰可见，大学自治这一古老的传统是基于这样的认识，即大学是研究、传播高深学问的场所，应让大学单独解决知识领域中的问题。尽管大学自治的内涵在不断发展，但大学自治始终有其底线与共通之处，即大学自己管理自己的事情。只不过大学所管理的这些事情在最初的行会式大学那里只是粗略地表达，尚难以触及自己管理自己的那些具体事情，而现代大学自治的内涵已清楚地表明大学自己管理某些事情（不是全部）。换言之，大学自治的核心在于自主地治理学校，自主地处理学校内部事务，最大限度地选择与外部环境的互动方式，为社会提供高质量的服务，并以此获得生存与发展。正如《大美百科全书》所定义的那样，"大学自治是大学作为一个法人团体在法律范围内享有的自主办学、自己管理自己及自理内部事务的权力"。大学自治实际上包含了两方面内容：一是学术上的自由，二是管理上的自主。(唐玉光,薛天祥,1994)[34-36]有学者认为,大学管理与大学自治是两个既有联系又有区别的概念,大学管理的事项与大学自治的事项既有不同又有交叉。具体表现为大学管理是指为维持学校的运作而对学校组织、编制,校舍及其他设施、设备,教职员的任免,以及为达成学校原来的目的所做的必要事项的管理,而"大学自治"的要义,在于与研究、教育有关的事项,大学应具有自主决定权。因此,大学管理的事项只有在与研究、教育相关时,才属于大学自治的范畴。 (刘莘,杨波,金石,2005)[5-8]这种对大学管理与大学自治关系的解读,实际上只注意到基于学术自由基础上的"大学自治",即根据学术发展规律这一内部需求而提出的传统自治概念,而没有深入到基于社会需要这一外部要求并因应民主法治发展而出现的新的大学自治理念。因应民主法治发展,从学术发展和社会需要去审视大学管理与大学自治,"基于大学整体而言的自我管理是大学自治的基本含义"(和震,2005)[10-15]。刻意区分二者的不同已无太大意义。我国《高等教育法》第十一条将我国的大学自治概括为"高等学校应当面向社会,依法自主办学,实行民主管理",无疑是抓住了大学自治的内核。而如何解读"自主办学"与"民主管理"及其相互关系,就成为准确把握我国大学自治这一高等教育法重要原则的关键所在。

(2)"自主办学"是大学自治的外在要求

我国在实现政府职能转变的过程中,先后出现了太多具有深刻时代烙印的"自主"权利,如国有企业的经营自主权、高等学校的自主办学权等。1998年的《高等教育法》确立的"高等学校面向社会,依法自主办学",同样是在教育行政管理职能转变过程中基于大学自治衍生出来的新事物,强调的是大学自治在"办学"方面不受各级各类国家机关乃至社会发展需要的非法干预,这种自主是大学自治外在要求的体现。

"自主办学",首先要求大学应该是一个自治团体,最有资格决定以下事项:应该开设哪些科目及如何讲授,谁最有资格学习高深学问,谁已掌握了知识并应获得学位,谁有资格成为教授,等等。根据《高等教育法》第三十二至第三十八条的规定，我国大学"自主办学"主要表现在如下 7 个方面：①根据社会需求、办学条件和国家核定的办学规模，制订招生方案，自主调节系科招生比例。②依法自主设置和调整学科、专业。③根据教学需要，自主制订教学计划、选编教材、组织实施教学活动。④根据自身条件，自主开展科学研究、技术开发和社会服务。⑤按照国家有关规定，自主开展与境外高等学校之间的科学技术文化交流与合作。⑥根据实际需要和精简、效能的原则，自主确定教学、科学研究、行政职能部门等内部组织机构的设置和人员配备；按照国家有关规定，评聘教师和其他专业技术人员的职务，调整津贴及工资分配。⑦对举办者提供的财产、国家财政性资助、受捐赠财产依法自主管理和使用。其中第①—③条以及第⑥条中"按照国家有关规定，评聘教师和其他专业技术人员的职务"，规定的是谁来学、学什么、怎么学等"自主办学"的基本内容，与美国联邦最高法院在 1957 年斯韦齐诉新罕布什尔州案中提出的"大学的四大基本自由"不谋而合。（周志宏，1989）[96] 第④—⑤条规定的是我们通常所说的学术自由的内容，我国早已签署并批准的《经济、社会、文化权利国际公约》，其第十五条第 3 款就明确规定"本公约缔约各国承担尊重进行科学研究和创造性活动所不可缺少的自由"。第⑥条中"根据实际需要和精简、效能的原则，自主确定教学、科学研究、行政职能部门等内部组织机构的设置和人员配备"，实际上规定的是人事自治。我国当前大学的行政机构设置，基本上与教育行政部门的机构设置形成对应关系，这恰恰就是大学行政化的最直观表现，也是当前大学去行政化亟待解决的突出问题，急需通过大学内部管理体制的改革予以克服。第⑥条中的"按照国家有关规定，调整津贴及工资分配"和第⑦条规定的是财政自治，这一权限无疑也是现代意义上大学自治的一个重要内容。大学不同于义务教育阶段的中小学，充分的财政自治可以使得大学对于资金和资源的运用更加符合大学自身发展的需要，财政经费及运行上的相对独立对于大学自治的发展具有重要的意义。由此看来，我国《高等教育法》所规定的"自主办学"，实际上是由狭义上的自主办学、人事自治、财政自治三部分组成，其中狭义上的自主办学是自主办学的核心，人事自治、财政自治是重要补充。落实《高等教育法》所规定的"自主办学"，应当以进一步推进狭义上的自主办学为中心，兼顾大学去行政化和充分独立的财政自治。这就进一步要求大学在办学上尽可能不受外来干预。现阶段尤其要切实处理好大学与社会、大学与国家的关系。

处理好大学与社会的关系，是现阶段切实落实狭义上的大学自主办学不得不正视的首要问题。当前，随着我国高等教育大众化时代的到来，大学生就业难问题日益凸显就是大学办学与社会发展之间矛盾的集中体现。以法学专业为例，改革开放以来我国的确培养了不少法律人才，但无论如何不能说法律人才在我国已经过剩；然而，法学毕业生就业难又是一个不争的事实。于是，围绕法学专业的去留、法学专业招生规模扩缩以及法学课程的设置等问题产生的纷争，就成为当前许多大学自主办法学的一个巨大困惑。这样的困惑不止法学学科一家，数学、历史、中文等学科或专业也不同程度地存在这样的困惑。这些困惑，本质上反映的就是大学自治与社会发展之间的矛盾，其中有的矛盾是结构性矛盾，如法学人才的培养问题；有的是长远发展与当前需要之间的矛盾，如数学等基础学科的办学；当然也可能有一些是自主办学确实与社会需要格格不入的问题。解决上述矛盾，就需要切实深入研究具体问题背后蕴含的规律性东西，并将这些规律应用于自主办学实践，而不是简单地使高校实际上丧失大学自治而去跟风，盲目地以适应社会需要（实际上是适应社会短期需要）为由一味地让社会牵着大学的鼻子走。

处理好大学与国家的关系，一直是大学自治过程中令所有大学倍加纠结的问题。与社会不同，国家"插手"大学自治从大学产生之初就没有停止过。当前，我国国家干预大学自治既有对狭义上的自主办学的干预，如"两课"的设置及学时的硬性规定，也有对大学财政自治的干预，如对各类办学经费的使用管理，当然最为严重的还是对大学人事自治的全面干预，其中诸如大学校长的遴选就是一个典型。通常而言，尽管国家机关有权决定建立一所怎样的大学，但是，大学一旦建立，各级党的机关、权力机关、行政机关、司法机关就不得再擅自插手干涉学校如何办出自身的特色以及教学、人事、财政等事务。否则，"一个大学将不再对它自己的本质忠实，它将变成党委会、国家或任何局部利益之工具"（周志宏，1989）[78]。当然，也应当看到，现代社会，代表国家的党委机关、权力机关、行政机关、司法机关等机关肆意干涉大学自治早已明显不合时宜，但对以法治的名义干预大学自治，大学则不应一味排斥。诸如职称评审、学位授予、学籍开除等争议到底能否求助相关行政机关或司法机关，由于牵涉到当事人的宪法基本权利，根据现代法治保障人权的基本精神，就应当可以在法治的基础上诉诸相关国家机关予以解决。

（3）"民主管理"是大学自治的内在要求

作为大学自治内核的"民主管理"在大学中最容易被忽略。其实，法治社会中的大学管理应合乎民主精神和法治原则，不仅是法治建设的客观要求，也是大学自治的内在要求。现代法治社会是以民主为基础的，与民主紧密相连，大学自然也不可能完全置身度外。大学自治需要学术自由，要求和而不同，其制度性保障同样是民主。大学管理应建立在民主的基础之上，通过制度创新健全大学民主制度，丰富和发展大学管理的民主形式，扩大大学管理过程中必要的民主参与，实行民主决策、民主管理和民主监督。当前，用尊重和保障人权的宪法精神和原则更新大学的管理理念，重新审视大学的管理工作、创新管理机制，既是构建社会主义法治社会的时代要求，也成为我国当前法治进程中大学管理面临的一个重要挑战。

然而，《高等教育法》第三十二至第三十八条在规定自主办学时，重点强调的是"自主"而不是"办学"，即将关注点着眼于大学自治的外在要求，而不是如何实现办学自主这一大学自治的核心问题。《高等教育法》第四十一至四十三条的规定倒是触及大学自治的内核即民主管理，但规定得又非常有限和原则化。例如，第四十一条集中规定了校长在全面负责教学、科学研究和其他行政管理工作方面的职权和行使方式：①拟订发展规划，制订具体规章制度和年度工作计划并组织实施；②组织教学活动、科学研究和思想品德教育；③拟订内部组织机构的设置方案，推荐副校长人选，任免内部组织机构的负责人；④聘任与解聘教师以及内部其他工作人员，对学生进行学籍管理并实施奖励或者处分；⑤拟订和执行年度经费预算方案，保护和管理校产，维护学校的合法权益；等等。上述职权通过校长办公会议或者校务会议行使。由于该法第四十条同时规定高等学校的校长、副校长按照国家有关规定任免而不是由所属大学民主选举，因此，校长的上述行政权力绝不能简单地视作民主管理在大学行政权力领域的体现。尤其是将人事自治与财政自治的权力完全交由校长行使，根本难以与我们通常理解的"民主管理"相等同。第四十二条规定大学设立学术委员会审议学科、专业的设置，教学、科学研究计划方案，评定教学、科学研究成果等有关学术事项。表面上看是通过学术委员会的设立实现了办学意义上的"民主管理"，但学术委员会如何设立、成员怎么产生等问题由于缺乏刚性规定，实践中也大多被大学的行政权力或政治权力所恣意侵蚀而失去了民主因素。第四十三条规定大学通过以教师为主体的教职工代表大会等组织形式，依法保障教职工参与民主管理和监督，维护教职工合法权益。该规定也仅仅明确了大学广大教职工民主管理的组织形式和目标，至于教职工代表大会之外有无其他组织形式、教职工代表大会如何行使民主管理、教职工如何参与民主管理和监督，除维护其合法权益之外是否还应当有其他目标，以及作为高等教育重要主体之一的学生合法权益如何通过民主管理得以维护，现行《高等教育法》并未予以明确回答。由此看来，我国现阶段落实大学自治，实行民主管理依然任重道远。

在我国大力推进基层群众自治的过程中，真正实行民主管理基础上的大学自治，可以首先从大学依法自主遴选校长入手予以大胆实践。大学是高级知识分子和高素质青年云集的地方，由广大教职工和在校大学生自主遴选他们信赖的校长，既是推进大学民主管理的迫切需要，也可以作为落实基层群众自治的突破口率先予以实践。实践中，可以循序渐进地分步骤、分阶段推进。大学依法自主遴选校长的初期，大学主管机关可以在广泛征集广大师生意愿的基础上，提出大学校长候选人，经由充分的公示后交由全校师生表决。考虑到学生与教职工对学校及校长候选人的不同认知，根据我国现行选举法的基本精神，投票教职工和学生分别超过在校有投票资格的教职工和学生半数以上的投票有效，候选人得赞成票分别超过投票教职工和学生半数的当选。大学依法自主遴选校长的中期，大学主管机关可以在广泛征集广大师生意愿的基础上，提出多名大学校长候选人，由广大师生按照前述原则差额选举。大学依法自主遴选校长的后期，大学在其主管机关的指导下，在民主基础上提名多名大学校长候选人，由广大师生按照前述原则差额选举。其次，要切实健全以学术自由为基础的教授委员会、学术委员会等学术自治组织及其运行机制，真正实现民主基础上的学术自治。学术自治不同于大学校长的遴选，它是一个高度学术化的命题，应该交由有一定学术素养的学者经由制度化的体制去破解。教授委员会、学术委员会等学术自治组织不但应当在学校层面组建，而且应当在二级学院（含系、部及相当于二级学院的教学和研究机构）、教研室等教学研究机构分层组建。教授委员会、学术委员会等学术自治组织的成员不应当简单地由校长或院长乃至教研室主任指定并任命，而一般应当在民主基础上经由差额选举产生并有明确的任期限制。再次，要真正发挥教职工代表大会、学生会（或者学生代表大会）等群众性自治组织的作用，规范和监督大学的财政自治与人事自治。教职工代表大会、学生会（或者学生代表大会）等群众性自治组织应当对大学的举办者提供的财产、国家财政性资助、受捐赠财产的自主管理和使用，用于教学和科学研究活动的财产的使用，以及教职工津贴调整及工资分配、学生奖学金的设定与调整等财政自治的落实情况，予以有效规范和切实监督。校长应当就拟订和执行年度经费预算方案，保护和管理校产等上述财政事项定期分别向教职工代表大会、学生会（或者学生代表大会）报告。其中对于事关广大教职工及学生切实利益的财政分配事项（诸如教职工津贴调整及工资分配、学生奖学金的设定与调整等），必须在报告的同时提请大会表决通过后方可实施。鉴于"克服行政化倾向，取消实际存在的行政级别和行政化管理模式"，已经作为"建设现代学校制度"和"改进完善人才工作管理体制"的一部分载入《国家中长期教育改革和发展规划纲要（2010—2020年)》、《国家中长期人才发展规划纲要（2010—2020 年)》，因而真正实现经由教职工代表大会和学生代表大会确定大学内部组织机构的设置方案、内部组织机构负责人的任免以及其他人才管理与使用等人事自治的时机已经成熟。诚如教育部部长袁贵仁所言："不能说我们在制度方面什么都没准备好就放手不管了，要防止一放就乱。该放的要放，但每个学校也必须有自我约束能力，这两方面是相辅相成的，但自律是前提。"（袁贵仁，2011）目前，政府无疑应向学校放权，但放权的前提是高校要有一套完善的大学制度。在我国大学普遍未形成较为完善的民主管理体制、机制和制度的背景下，应该说袁部长的这种担心不无道理。

总之，大学自治，作为高等教育法的一项重要原则，体现的是"自主办学"与"民主管理"的有机结合。我国《高等教育法》第十一条的规定，"面向社会"，首先确立了我国大学自治的前提和基础；"依法自主办学"，既明确了大学自治的边际界限即必须符合法的要求，又突出了大学自治的外在要求即办学自主性；"实行民主管理"，既体现了大学自治的核心内涵即大学的自我管理属性，又突出了大学自治的内在要求即民主基础上的大学自治。"自主办学"与"民主管理"的有机结合，共同构成了我国大学自治这一高等教育法重要原则的基本内涵。

二、高等学校内部决策体制研究

　　20 世纪 80 年代以来，面对经济全球化、政治民主化和高等教育大众化的进程，尤其是随着高等学校内部管理体制改革的不断深入，高等学校面临的问题越来越多，也越来越复杂。虽然高校面临的机遇不少，但受到的挑战更是越来越严峻。解决这些问题和应对这些挑战有一个十分重要的前提条件：高等学校内部的决策必须是科学的和民主的。这是因为，决策贯穿于高等学校内部管理过程的始终并处在首要位置，教学管理、科研管理、行政管理等众多的高校内部管理活动中都包含着各种各样的决策问题。只有具备了科学民主的决策体制，高等学校的健康和谐发展才有保障，也才有可能。而当前我国高等学校内部决策还存在着这样或那样的问题，远远未达到科学化、民主化与法制化的程度，这是客观的事实。因此，如何解决当前我国高等学校决策体制方面存在的问题，构建科学化、民主化、法制化的高等学校决策体制是时代发展的必然要求，更是摆在高等教育管理理论研究者和实践者面前的一项意义重大而又迫切的重要课题。

（一）高等学校内部决策体制概述

决策是人类社会发展到一定历史阶段的产物。早在我国先秦时期，便有"决策"一词，但现代管理意义上的决策，起源于美国。一般认为，"决策"（decision making）就是指"选择一个可供贯彻实行的方案的过程。形成决策通常要有一个决策者（做出最后选择的人）和一个决策机构（所有参与决策的人组成的小组、团体或政府）。他们通过分析信息，确定目标，提出各种方案，对这些方案做出评价，然后得出一个结论来对一个确定的问题或一系列问题做出反应"（周光辉，2011）[101-120]。简言之，决策就是做出决定或做出选择，包含着认知与行动两个过程。决策制定过程主要包括以下几个方面，"识别决策问题、确认决策标准、为决策标准分配权重、开发备择方案、分析备择方案、选择备择方案、实施备择方案和评估决策结果"（罗宾斯，库尔特，2004）[157-162]八个步骤。而决策体制，是指关于行为主体之间相互关系、决策权力配置、运行机制及决策方法、程序规范的总称。在决策体制中，决策结构、决策方式和决策机制是三个最主要的相互关联的部分。决策结构作为决策体制的关键部分，是指参与决策的行为主体（包括个人、组织、机构）之间相互关系的组成方式。也就是说，各决策行为主体以一定的相对稳定的方式或形式组合起来，就形成了决策结构。决策结构实际上反映了决策权力在不同的决策行为主体之间的分配关系。决策结构的不同既决定着决策方式的安排和决策机制的设计，也从根本上影响着公共权力运行的整体功能。决策方式是指决策行为主体行使决策权力的方法和形式。不同的决策方式不仅会影响决策信息的处理效率，也会营造不同的决策情境，从而最终对政策的产出结果形成影响。决策机制是指相互关联的决策环节、步骤、阶段，按照一定的先后次序排列形成的规范、有序的决策流程。国家决策是一个多种因素相互作用、各种利益关系相互博弈的动态过程，决策机制实际上就是为了保障这种动态过程有序化的制度化安排。如果说决策结构凸显的是决策权力的静态关系，那么，决策机制则强调了决策权力的动态运行过程。（周光辉，2011）[101-120]由此可见，决策体制主要包括两个方面的含义：一是决策的主体是谁，即由谁来决策；二是主体怎样参与决策。这是决策体制中最为关键的一个系统，即决策系统。除此之外，为了更好地进行决策，信息和咨询系统也是决策体制中不可或缺的。三者之间相互联系，相互制约，相互影响，共同作用，缺一不可。但三个子系统的地位并不是对等的。其中，决策系统具有最终决策权，因而是决策体制的中心；信息与咨询子系统是为决策系统服务的，因而处于辅助地位。循此，高等学校决策体制就是指高等学校的决策者在高等学校内部决策过程中为了实现决策目标而建立的组织机构及相关的制度，也主要包括决策、信息、咨询三个子系统。

在决策理论的创始人赫伯特·西蒙看来，"管理就是决策"。可见，他将决策看做管理活动的首要职能，居于管理的核心地位。由此可见，决策也理应是高等学校内部管理活动的首要职能。进一步讲，在高校管理活动中，决策贯穿于高等学校管理的全过程并居于核心地位。有学者指出，行政决策的科学化，不仅取决于先进的决策方法、合理的决策程序，还取决于完善的决策体制。（周庆行，2004）[262]这一判断同样适用于高等学校内部决策。因此，高等学校决策体制是否科学合理不仅关系到高等学校决策水平和管理水平的高低，而且对高等学校内部资源配置的合理性产生直接影响，进而影响到高等学校的生存与科学发展。从这个意义上讲，建立健全科学化、民主化、法制化的决策体制，是高等学校和谐发展，又好又快、更好更快发展的客观需要和必然要求。

（二）高等学校内部决策体制的现状评价

决策在管理中的核心地位，意味着决策体制也是管理体制的中枢系统，更是决定高等学校健康发展的关键因素。因此，我国政府一直都非常重视高等学校决策体制的建设与完善。这体现在：自新中国成立以来，我国政府都一贯强调高等学校内部领导体制的改革、发展与完善。从最初的校长负责制（1950—1956 年）、党委领导下的校务委员会负责制（1958—1977 年）、新的校长负责制（1976—1988 年）到现在的党委领导下的校长负责制（1989 年至今），不仅是我国政府不断实践、反思高等学校内部领导体制的结果，也是不断追求高等学校决策的科学化与民主化的结果使然。应该说，从新中国成立初期到 1988 年之间这一特殊历史背景下所形成的领导体制，对于高等学校的稳定以及高等教育的发展都起到了一定的作用，但由于该时段我国实行的是高度集中统一的集权体制，高等学校实际上成为政府部门的一个附属机构，也缺乏必要的办学自主权，这意味着，这一历史时期高等学校内部的领导体制主要起到的是一个纯粹政府指令的简单执行者的作用，决策的作用空间十分有限。直到 1985 年《中共中央关于教育体制改革的决定》颁布，随着高等学校办学自主权的逐渐扩大，这种情形才有所改观。尤其是 1998 年《高等教育法》中明文规定"国家举办的高等学校实行中国共产党高等学校基层委员会领导下的校长负责制"，即高等学校实行党委领导下的校长负责制。同时还规定：高等学校的校长全面负责本学校的教学、科学研究和其他行政管理工作，行使六个方面的职权；成立校长办公会议或者校务会议，处理校长职权规定的有关事项；高等学校设立学术委员会，审议学科、专业的设置，教学、科学研究计划方案，评定教学、科学研究成果等有关学术事项；高等学校通过以教师为主体的教职工代表大会等组织形式，依法保障教职工参与民主管理和监督，维护教职工合法权益。这是第一次从法律上界定了高校党委、校长和学术委员会的基本职能以及权限范围。从我国高等学校校级组织结构的实际情况看，当前高校决策主体基本与此一致，呈现决策主体体系复杂、条块分割的态势。除了党委（常委）会之外，校长办公会（有的高校采取党政联席会议或校务委员会的形式）也在高校一些行政事务方面具有决策权，而学术委员会（职称委员会和学位评定委员会）则对职称和学位评定两方面的事务拥有一定的决定权。正是由于这种局面的存在，才使得当前我国高等学校决策体制更有特色。

1. 特色

毫无疑问，这种决策体制是在符合我国政治体制的发展道路和高等学校实际的情形下逐渐演进的，经过 20 多年的探索与完善，当下高等学校的决策体制具有一定的中国特色。正是这种特色使它有别于其他国家的高等学校决策体制，更是对之前的高等学校决策体制的继承与发展。这种特色表现在以下几个方面：

第一，执政党在高等学校决策系统中处于领导地位，起着主导性的作用，这是非常具有鲜明中国特色的，并在法律上予以保障。

《高等教育法》赋予高等学校党委的领导职责主要是：执行中国共产党的路线、方针、政策，坚持社会主义办学方向，领导学校的思想政治工作和德育工作，讨论决定学校内部组织机构的设置和内部组织机构负责人人选，讨论决定学校的改革、发展和基本管理制度等重大事项，保证以培养人才为中心的各项任务的完成。根据《高等教育法》规定和我国高校实际，高等学校党委发挥领导核心作用，统一领导学校工作。（毕宪顺，2005）[32-38]可见，高校党委在整个高等学校决策系统中的核心地位和主导作用，在当前这种领导体制下，我国高等学校最高决策主体必然是高校党委（常委）会。而西方国家高等学校决策权主要集中在董事会或教授会或校务委员会等组织内部，对于成员的政治身份并没有任何规定。即这些决策组织机构成员的产生与其政治身份并不相关。而且，欧美主要发达国家主要是两党制或多党制轮流执政，因此，执政党的地位并不固定。这意味着执政党不可能在高等学校决策中发挥决定性作用。

第二，党政精英决策模式是当下高等学校决策体制的主要形式。

"自1949年以来，精英决策一直是中国政治的一个显著特征，尽管改革开放给中国带来沧桑巨变，但精英决策模式却被保存了下来。"（李国强，2004）[85]这一论断同样适用于高等学校。受决策科学化和民主化浪潮的影响，我国的高等学校非常重视学术精英在决策中的作用。突出表现在：许多高校普遍设立了学术委员会、教学指导委员会、职称评定委员会等学术组织。这给予了普通教师，主要是教授，参与学术决策的机会。"审议方向、参与决策、监督控制"（苏宝利，吕贵，2003）[48-49]较好地概括和总结了学术委员会在高校决策体制中的地位与作用。更有研究表明，高校学术人员参与学校管理的活动有限，尤其是行政决策类活动的参与率普遍较低。而高校学术人员参与咨询审议活动的比率较高。（毕宪顺，杨海山，王艳明，2005）[48-54]虽然2000年之后，受东北师范大学设立教授委员会的影响，一些高等学校也陆续设立了教授委员会这一学术组织，使得一些高水平的教授通过这个委员会参与到学校学术事务的决策之中，从而进一步拓宽了学术精英参与高等学校学术事务决策的渠道，发挥了专家学者的"智囊"作用。但由于这种教授委员会主要集中在院系层面，从而并不能对整个高等学校的事务产生决定性的影响。或者说，学术委员会等学术组织的主要功能仍然是审议与咨询，而非决策。而且，在中国的大学里学术处于弱势地位，所以权力常常得不到落实。有责任、尽义务、没权力，这是中国教师生存环境的真实写照。代表教师利益的教授委员会形同虚设。（张慧洁，2011）[5-10]也就是说，学术精英真正参与高等学校决策的机会并不多。由此可见，虽然近年来，在实践中我国高等学校内部也逐渐探索了学术委员会或教授委员会等学术精英决策的基本模式，但不可否认的是，党政精英在当下高等学校内部决策中仍是最终的决策者。

第三，坚持民主集中制是我国高等学校决策体制的一大特色。

民主集中制强调的是民主基础上的集中和集中指导下的民主。作为中国共产党的根本组织制度和领导制度，民主集中制也被广泛运用到我国高等学校内部决策体制之中。党委领导下的校长负责制是我国高等学校内部的领导体制，在高校决策中起着主导性的作用。正如有学者指出的那样，"许多发达国家的高校主要实行董事会、理事会或校务委员会制，倚重集体决策，出现了决策成员集体化、校内校外结合化的趋势。我国高校实行党委集体领导，是符合这一国际潮流的"。（钟秉林，2003)[5-6]而且，2010年新修订的《中国共产党普通高等学校基层组织工作条例》更明确指出，高等学校党的委员会实行民主集中制，健全集体领导和个人分工负责相结合的制度。凡属重大问题都要按照集体领导、民主集中、个别酝酿、会议决定的原则，由党的委员会集体讨论，做出决定；委员会成员要根据集体的决定和分工，切实履行自己的职责。因此，党委领导下的校长负责制也是民主集中制在高等学校内部管理中的具体运用。同时，实践也证明，加强以民主集中制为中心的制度建设，可以确保党委领导下的校长负责制高效运行。（宁波群，刘晶华，1999)[36-38]然而，与此不同的是，"许多世界一流大学在最高决策层次采取民主表决的方法对校长提案或董事会提案进行表决"（张慧洁，2011)[5-10]。由此可见，世界一流大学主要强调的是民主决策，而我国高等学校内部决策体制中既充分发挥了集体智慧，强调了民主，又突出了个人负责，强调了效率，体现出民主与效率两者的有机统一。这是当前我国高等学校内部决策体制在决策程序上的鲜明特色。

2. 不足之处

实际上，经过几十年的发展与完善，当前我国高等学校的决策体制日臻完善，较好地解决了党政不分、权力过分集中的弊端，克服了决策过程中的主观主义与个人主义。决策、执行、监督三大系统也已初步建立，现代化的决策方法、程序和技术也逐步运用到决策之中，教师尤其是教授的意见与建议也时常被吸纳到决策之中，等等。这些都直接表明了我国在高等学校决策体制方面的进步。我国高等学校决策体制已初步实现了决策的科学化、民主化和法制化，或者说，已经实现了由传统的经验型决策为主向现代民主、科学决策为主的战略转型。但不可否认的是，由于管理传统、有关政策法规等因素的影响，我国高等学校决策体制中也存在一些不尽如人意的地方。具体而言，体现在以下几个方面：

第一，决策权高度集中于党委，经常出现政治决策取代行政决策，尤其是政治与行政决策取代学术决策的局面。

《高等教育法》规定了现行高等学校内部决策体制主要有党委会决策，以校长为首的行政决策，以及学术委员会、教学指导委员会、图书情报委员会等学术组织决策。这是一种分类思想指导下的决策体制，但在我国公立高等学校实行党委领导下的校长负责制这一具有典型中国特色的领导体制的背景下，这种分类决策思想只能停留在一种理想的层面，很难实现。因为，当下高等学校实行的党委领导下的校长负责制这一领导体制直接决定了我国高校的决策权，特别是重大问题的决策权都集中于党委（常委）会。这一领导体制已被实践证明是符合我国高校实际的，它不仅强调了党委领导和校长负责，更突出了党委（常委）会是高等学校内部最高的决策机构。按照新修订的《中国共产党普通高等学校基层组织工作条例》的规定，党委的主要职责是：学习、宣传和执行党的路线、方针、政策，坚持社会主义办学方向，依靠全校师生员工推进学校的改革和发展，培养有理想、有道德、有文化、有纪律，德智体美全面发展的社会主义建设者和接班人；按照从严治党的方针，加强学校党组织的思想、组织、作风建设，发挥党总支的政治核心作用、党支部的战斗堡垒作用和党员的先锋模范作用；讨论决定学校改革和发展以及教学、科研、行政管理等工作中的重大问题；领导学校的思想政治工作和德育工作；按照干部管理权限，负责干部的选拔、教育、培养、考核和监督；领导学校的工会、共青团、学生会等群众组织和教职工代表大会；做好统一战线工作，对学校民主党派的基层组织实行政治领导，支持他们按照各自的章程开展活动。由此可见，在高等学校，党委是政治核心，党委领导主要是政治、思想和组织领导，是讨论决策高等学校内部的重大事项。虽然《高等教育法》对高校党委、校长职权作了相应规定，但由于并未对"重大事项"做出更明确的界定，从而导致在一些高校内部出现了党政不分、以党代政的局面，一定程度上影响了这一领导体制的有效运行。

依据《高等教育法》有关高等学校学术委员会职能的相关条款，可以看出，高等学校学术委员会对高校的学术事务拥有审议权和一定的决策权，但在实际上，由于在中国的大学中学术处于弱势地位，代表教师利益的学术委员会基本形同虚设，政治权力和行政权力明显优于学术权力。这是因为，党委领导下的校长负责制这一领导体制从根本上削弱了学校学术委员会的学术决策权力的发挥。进一步讲，作为高等学校决策中枢的党委几乎包揽了高校所有的学术事务和非学术事务的决策权，使高校决策呈现严重的行政化倾向，政治决策与行政决策往往取代学术决策。

第二，决策组织体系不健全，突出表现为仅有决策中枢系统，信息与咨询系统相对不足。

决策体制主要包括决策的中枢系统、执行系统、监督系统、信息系统和咨询系统。其中，信息系统是指收集、加工、传输、储存信息的系统。它是决策体制的基础部分，因为，它为决策中枢系统提供必需的决策信息，这是正确决策的必要前提。相反地，由于信息的缺乏则可能导致错误的决策，不可避免地造成损失。而咨询系统实际上是指那些由各种专家组成的智囊团，旨在为决策的中枢系统提供智力支持。可见，除决策的中枢系统、执行系统、监督系统之外，决策的信息与咨询系统也是决策体制中不可或缺的。高等学校决策中更是如此。因为，高等学校决策所涉及的范围较广，任务也比较复杂，目标更是多种多样，从而意味着为了提高决策的正确性，更加需要决策的信息与咨询系统的支撑。

在国外，咨询系统在高等学校战略管理与决策中发挥着重要作用。决策者可以通过咨询机构了解、整合的信息，制订最佳决策方案。例如，为美国高校提供咨询服务的机构包括两类：一类是独立于高校外部的咨询公司或教育研究中心，也就是我们所说的"外脑"。这些机构为高校制定战略规划，改革管理制度，设计行政办公程序等，而且还为政府提供宏观咨询服务。（卢找律，2003）另一类是各高校自设的院校研究机构，也就是"内脑"。这些机构主要从事"校本研究"，即以特定的高校为研究对象，涉及院校管理的各个方面。（刘献君，2002）[54-58]在国内，由于高等学校外部环境的原因，教育咨询产业至今仍然不成熟，也就无法充当"外脑"作用。而充当"内脑"作用的院校研究机构，在我国高等学校的境遇更是十分尴尬。表现为：其一，就设立了咨询机构的高校来看，其机构在各校称谓不一，如发展规划部、规划和政策研究室、战略发展研究部等，这些咨询机构大多只挂一块牌子，由若干院长或知名人士挂名，无具体研究、操作人员。（袁祖望，2004）[31-33]其二，高教所的生存状态不一，一是改为"发展规划处"或"教育改革与发展研究中心"，作为职能部门直接服务于学校的改革与发展工作；二是归并入某一学院或组建教育科学学院，向研究生培养单位发展，获得硕士点或博士点，从事学术研究；三是面临生存危机，每当学校机构改革，便屡次成为调整的对象。（张辉，郭桂荣，2000）[58-61]虽然近年来这种局面有所改观，咨询系统在我国高等学校决策体制中的作用也有所加强，但是，从总体上来看，专门的院校研究机构的地位仍然不突出，作用也不明显。这是我国高校决策组织体系不健全的突出表现之一。

第三，决策过程的民主参与程度不足，主要表现在广大教师很难参与决策，更缺乏学生和社会人士的参与。

大学作为一个非营利性组织，是一个典型的利益相关者组织，教授、校长、院长、行政人员还有学生以及毕业了的校友，当然也包括我们这个社会中的每个人（纳税人）。（张维迎，2004）[19]而且，"不同的利益相关者在大学有着不同的利益诉求，并且通过不同的途径、方式对大学产生影响"（潘海生，张宇，2007）[15-17]。为了回应不同的利益相关者的诉求，作为高等学校内部利益相关者的校长、院长、行政人员、教师和学生，他们理应成为高等学校内部决策主体的一部分。也就是说，他们应该有代表参与到高等学校内部决策之中，每一种或几种利益相关者都不应单独地对大学行使决策权。这是确保高等学校内部决策过程民主与科学的必要前提。而且，利益相关者参与高等学校决策在国外高等学校决策实践中得到了较好的检验。例如，美国大学的治理模式强调的是共同治理。"共同治理是指大学利益相关者共同参与大学的治理，其核心是'共享'，参与大学决策的人员包括立法者、社区领导、董事会、行政人员、教师、学生、家长和其他利益相关者。"（甘永涛，2008）[20-24]再如，在加拿大，到1975年，92%的大学董事会中都有了教职员的参与，78%的大学董事会中有了学生董事。1975年，在大学评议会中，学生的比例由1965年的不到1%增加到14%。（Jones，Shanahan，Goyan，2001）[137-142]而在国内，高等学校重大事项的决策权高度集中在党委（常委）会手中，校长办公会仅对部分非重要的行政事务行使决策权，学术委员会对学术事务的"审议权"和教职工代表大会"参与民主管理和监督"的权利并没有得到很好的保障和落实。由此可以看出，当前我国高等学校的决策权主要集中在党政领导手中，其他内部利益相关者很难参与到高等学校的决策中。也就是说，高等学校内部决策过程中的民主参与程度不高。进一步讲，教职工、学生、社会人士等都无法实质性地参与高等学校内部决策。具体表现在：首先，高校学术人员在决策中的话语权不足，学术权威作用的发挥受到限制。有研究资料表明，学术人员对高校行政权力决策类活动的参与率普遍较低，平均为26.23%（毕宪顺，杨海山，王艳明，2005）[48-54]。其次，虽然《高等教育法》第四十三条明文规定了"高等学校通过以教师为主体的教职工代表大会等组织形式，依法保障教职工参与民主管理和监督，维护教职工合法权益"，《高等学校教职工代表大会暂行条例》也规定高等学校教职工代表大会拥有"讨论建议权""讨论通过权""讨论决定权"和"监督评议权"四项基本职权,但是作为高校教职工参与学校民主管理、民主监督的一项组织形式,教职工代表大会在高等学校讨论决定与其直接相关的问题决策中作用很小。譬如,"讨论决定教职工的住房分配、福利费管理使用的原则和办法,以及其他有关教职工的集体福利事项"。由于目前高校住房分配等福利政策已经发生改变,社会福利的分配逐渐倾向于主要通过市场调节,这就使得教代会的这项职权逐渐萎缩。(毕宪顺,赵凤娟,2009)[61-89]再次,作为受教育权的主体和重要的利益相关者,学生理应对高等学校的教育教学工作拥有一定的决策权和发言权。在英国,学生在变革中发出自己的声音、参与变革决策得到了多方面的倡导,也在政策、学校、课堂等层面进行了较长期的项目实践。其中最引人注目的便是在2002年教育法案中,明确要求学校有关教育事务决策应咨询学生意见。(刘宇,2011)[33-37]但分析我国目前高校内部权力配置的现状,可以发现,高校学生参与决策还缺乏相应的制度安排,直接导致这部分群体在参与高校决策的过程中明显地存在着"参与深度不足、参与力度不强、参与序度不够和参与效度不高"(陈红,2004)[53-55]等不足之处。最后,作为面向社会自主办学实体的高等学校在决策过程中必然要求充分考虑社会各界的意见与建议,或者说,社会人士也应该对高等学校内部决策有一定的发言权。但由于经济条件的限制、参与制度的缺失以及传统观念的制约,我国社会力量参与高校还面临着诸多困境(王建华,钟和平,2011)[49-52],因此,社会人士很难真正参与其中。

第四,高等学校内部决策制度有待完善、决策过程缺乏必要的监督。

高等学校内部决策,现行体制主要有党委会决策,以校长为首的行政决策,以及学术委员会、教学指导委员会、图书情报委员会等学术组织决策。(毕宪顺,2011)[65-71]应该说,这些行之有效的决策制度为我国高等学校内部决策的完善起到了关键性作用。而且,各高校在对上级机关制定的规章制度贯彻执行的同时,也进一步建立健全了各种决策机制。根据有关法律文件精神,结合本校实际,借鉴兄弟院校经验,陆续建立健全了

《党委会议事规则》、《校长办公会议事规则》以及书记办公会、党政联席会等各项制度，基本形成了比较规范的决策制度体系。（刘庆东，毕宪顺，2010)[15-17]可以说，高校内部决策时基本上做到了有"法"可依。但由于各高等学校的具体情况不尽相同，同一所高校在不同时期的情况也有所不同，这意味着它们制定的决策程序和议事规则也都带有自身的特点，从而借鉴作用具有较大的局限性，很难推而广之。而且，决策过程中不按照决策程序办事的情况时有发生。主要表现为：决策前调查分析往往不够；决策中分析论证不科学严密，时有议而不决的局面出现，很少听取不同意见；决策后也没有必要的反馈与效果评估。正是由于缺乏一套科学的决策程序或不遵循程序，极大地增加了高校决策失误的可能性。而且，目前对于高等学校内部决策的监督还有许多遗漏，缺乏相应的监督机制和体系。作为高等学校内部民主监督最主要的组织形式，教职工代表大会仅仅是以高等学校民主管理和监督的"重要形式"而存在，缺乏权威性，没有真正体现设立教职工代表大会的初衷。而舆论监督等其他监督形式还没有发挥应有的作用。有权无责以及缺乏对决策过程的监督，产生的后果是：极大地加大了高等学校决策的随意性和决策失误的概率，也造成了人、财、物资源的浪费，更给高等学校的发展带来了难以估量的损失。

总的看来，虽然我国高等学校决策体制仍然存在一些不尽如人意的地方，但我们更应看到，主流的方面是好的。我国高校经过六十多年的发展，在决策方面，形成了坚持中国共产党在决策中的领导地位、坚持民主集中制的基本原则、在很大程度上肯定了教授对学术事务的审议权等特点。在决策体制方面，形成了以下四个方面的基本特征：一是最高决策组织机构已经确立，即确立了党委（常委）会是高等学校的最高决策机构和决策中枢；二是决策并不完全是随心所欲，而必须按一定程序进行，即建立了党委会、校长办公会、学术委员会等组织的议事规则；三是决策权有一定的法律制度作为保障，即《高等教育法》对高等学校党委、校长、学术委员会的职权范围作了明确规定；四是决策活动有一定的民主性，即教职工，主要是教授的意见与建议对高等决策有一定的影响。因此，可以说，我国高等学校决策体制在向建立党委领导、校长执行、教授治学、民主管理的具有中国特色的现代大学制度框架迈出了坚实的一步。

有研究表明，高校决策失误的诱因主要有五个：高校决策信息不全和不对称性、决策者自身素质和能力的制约、高校相关部门及其工作人员的自利性、缺乏对决策过程的监督以及决策失误的追究机制不健全。（者贵昌，2010）[25-29]因此，不可否认，我国高等学校内部决策体制中存在的问题必然会影响到高校决策的科学性与合理性，也必然会增加高校决策失误乃至错误的可能性。为此，需要对现有高等学校的决策体制进行完善与变革。

（三）变革的理论基础与现实依据

决策体制改革是决策科学化与民主化的必然要求。这是因为，建立健全科学的决策体制是实现决策科学化的重要保证，决策体制的缺陷必然会极大增加决策失误与错误的风险。但决策体制变革并不是盲目的、随意的，而是要建立在一定的理论基础与现实依据之上。

1. 理论基础

（1）决策论

"决策论"是在概率论的基础上发展起来的专门研究决策方法的科学理论，是运筹学和系统分析的一个分支以及决策分析的理论基础。它所研究的内容就是在政治、军事、经济及其他一切社会活动中，针对各种不同的具体情况，在诸对策中选择最佳方案的理论分析方法。（永祥，1985）[37]显而易见，科学的决策需要科学的决策程序。科学的决策程序主要包括问题提出、目标确定、科学预测、方案拟订、方案评价、方案选定、检验决策和实施决策等阶段。（伍自强，谢勇，2004）[56-58]遵循科学的决策程序是实现高校决策科学化的重要环节。作为高等教育强国的主要阵地和培养高素质专门人才的主要场所，高等学校的每一项决策，从大的方面说都关系到国家与社会的发展以及民族的振兴，从小的方面说则关系到学生、教师、学校的科学发展。因此，高等学校决策的意义重大，影响深远，高校改革与发展中任何事项都应在决策过程中，运用科学的决策程序来进行。高等学校决策体制改革也不例外。

（2）最优化理论

最优化理论是指依据各种制约条件和因素，经科学、充分、严谨的分析论证而做出的速度最快、质量最佳、效益最好的决策方案。最优化方案可以利用有限的人力、物力、财力资源取得最大的预期效益（李吾振，2001）[18-19]。它讨论的是决策问题的最优选择。高等学校是高级人才荟萃的地方，许多专门知识的学者聚集于此。这种独一无二的智力优势是其他部门无法相比的，也为高等学校决策方案的最优化运作以及决策咨询系统的设立提供了最大可能性和可行性。因此，高等学校决策应充分利用这一比较优势，实现在众多的备选方案中优中选优、精中选精。

（3）协商民主理论

协调民主理论是20世纪80年代以来逐渐兴起的一种理论。协商民主可以理解成一种理性的决策形式，或者是一种组织形态，或者是一种治理形式。概括起来讲，协商民主是指平等、自由的公民在公共协商过程中，提出各种相关理由，说服他人，或者转换自身的偏好，在广泛考虑公共利益的基础上利用公开审议过程的理性指导协商，从而赋予立法和决策以政治合法性。协商民主的核心是公共协商（陈家刚，2004）[26-34]。如前所述，高等学校是一个典型的利益相关者组织。因此，在实现高等教育目标和大学理念的过程中，宏观和微观决策必须在诸多利益主体之间寻求一种平衡。（肖谦，2009）[116-118]而且，高等学校具备了参与协商的多元主体的基本条件：高等学校内部各主体之间地位平等，拥有相对比较自由宽松的内部环境。这些都决定了协商民主理论应该会影响到高等学校的决策，高等学校也必须建立协商民主的决策机制以及为各主体能够真正参与到高等学校的重大决策之中创造条件。

（4）公共治理理论

公共治理理论兴起于20世纪80年代。它的兴起"是与政府的失效和市场的失效联系在一起的，是补充政府管理和市场调节的不足应运而生的一种社会管理模式"（李景鹏，2001）[16]。所谓公共治理是指政府组织或非政府组织及私人组织或个人等各方主体对于社会公共事务共同进行协调式管理，以实现预定利益目标的过程与方式（袁宗超，2004）[49-62]。公共治理的最高目标是善治，它具有"合法性、透明性、责任性、法治性、响应性、有效性"（俞可平，2000）[8-11]六大特征。公共治理强调政府并不是公共管理的唯一主体，政府、公民个人、非政府组织、私营企业、私营企业联盟等都可以成为公共服务管理的主体，共同承担公共事务治理的责任。大学是一系列利益相关者不完全契约的集合体，可以构建利益相关者共同治理模式。利益相关者共同治理模式体现了我国大学管理从政治化到社会化的转变，反映了大学是一个由多个参与者共同创造价值的契约连接体。（肖谦，2009）[116-118]这是一种值得我国高等学校改革借鉴的治理模式。它意味着高等学校内部分散化的治理和分权化的决策。

（5）耗散结构理论

耗散结构论与协同论和突变论一起被称为"新三论"，是现代科学方法论的一种。最早是由比利时布鲁塞尔学派的领导人、自由大学著名物理学家普利高津（L. Prigogine）在《结构、耗散和生命》一文中提出的。耗散结构理论是研究远离平衡状态的系统的自组织现象的理论。所谓耗散结构，即是指一个远离平衡的开放系统（无论是力学的、物理的、化学的、生物的，还是社会的系统），当系统的某个参量变化达到一定阈值（临界值）时，通过涨落发生突变即非平衡相变，就有可能从原来的混沌无序状态转变为一种时间、空间或功能均稳定的有序状态。（祁芬中，1988）[52-55]从这个角度看，大学的决策系统应成为充满生机与活力的耗散结构组织，决策系统耗散结构形成的前提是使决策成为一个有效的开放系统。（华英资，1994）[75-78]为此，随着高等教育体制改革的不断深入，我国高等学校也需要探索有中国特色的决策体制与机制来不断提升决策的科学化、民主化与法制化水平。

2. 现实依据

伯顿·克拉克根据七国学术权力在高等教育各层次的比较分析，论证了欧洲模式、英国模式、美国模式和日本模式等四种权力模式，相应地，在不同模式下的高等学校的决策制度也不尽相同。（蔡琼，李明亮，2010）[52-56]由此可见，高等学校决策体制和机制的存在既要受到高等学校所处时代背景的影响，又与高等教育自身的历史传统、文化背景密不可分。各国高等学校决策体制既有相同之处，也有所差别。进一步讲，我国高等学校内部采用什么样的决策体制，并不是凭空产生、随心所欲的，而是要从我国高等学校的实际情况出发，不仅要考虑到国内外高等学校共性对高等学校决策体制的基本要求，还要考虑我国高等学校特殊的法律法规、时代背景等因素。

（1）高等学校的本质属性是高校决策体制改革的内在要求

高校决策体制改革是发生在高等学校内部的改革，因此，改革首先要遵循高等学校自身的规律和基本规定性，即要认清大学的内涵与本质属性。大学是人类社会发展到一定历史阶段的产物，是适应知识传承这一基本需要而产生的。"每一个较大规模的现代社会，无论它的政治、经济或宗教制度是什么类型的，都需要建立一个机构来传递深奥的知识，分析、批判现存的知识，并探索新的学问领域。换言之，凡是需要人们进行理智分析、鉴别、阐述或关注的地方，那里就会有大学。" （布鲁贝克，1998）[13]最初的"大学是传授普遍知识的地方"（纽曼，2001）[1]，强调知识的传授和人才的培养。19 世纪始初，德国柏林大学发展了这一理念，提出了大学应具有研究职能，强调"教学与研究统一"。20 世纪初，美国威斯康星州立大学提出了高等学校为社会服务的思想。至此，大学的三大职能——教学、科研和社会服务基本确立，也被广泛认可。可见，大学的发展历史实际上也是大学职能不断丰富与发展的历史。虽然大学的职能不断充实，规模更是越来越大，也逐渐从最初的象牙塔变成了知识工厂和超级市场，从边缘走向了社会的中心，但有一点始终未变，即"知识材料，尤其是高深的知识材料，处于任何高等教育系统的目的和实质的核心。不仅历史上如此，不同的社会也同样如此"（克拉克，2001）[12]。不管大学角色怎样演化和分化，无论是"探究的学术"、"整合的学术"，还是"传播的学术"或"应用的学术"（博耶，2002）[78]，学术活动一直占据着大学各项活动的中心地位。因此，从根本上来说，高校是一个学术性的社会组织，学术性是高校的本质属性。这就决定了掌握高深知识、作为教学与科研活动主要承担者的教授群体应该成为大学教学和学术研究的主体，代表教授群体行使权力的制度平台——教授委员会应主导高校整体和长期发展的大政方针与政策。（毕宪顺，赵凤娟，甘金球，2011）[45-50]

（2）完善中国特色现代大学制度的发展目标是高校决策体制改革的直接要求

《国家中长期教育改革与发展规划纲要（2010—2020 年)》明确提出要"完善中国特色现代大学制度"，包括"完善治理结构"，"公办高等学校要坚持和完善党委领导下的校长负责制"，"健全议事规则与决策程序，依法落实党委、校长职权"，以及"充分发挥学术委员会在学科建设、学术评价、学术发展中的重要作用"，"探索教授治学的有效途径，充分发挥教授在教学、学术研究和学校管理中的作用"等方面的内容。实际上，现代大学制度主要包括以下两个基本方面："一是大学的外部制度安排，涉及大学与政府、大学与社会、大学与大学之间的关系，表现为大学的管理体制、投资体制和办学体制等；二是大学的内部制度设计，主要表现为大学的内部治理结构，即一所大学内部的组织结构和运行机制，包括组织结构的分层、内部权力体系的构成等，反映大学的办学意志和学术特点"（张应强，2006）[16-18]。而且，大学治理结构是现代大学制度的基石，其实质是建构能够应对"冲突和多元利益"需要的决策权结构。大学治理结构必须体现以社会为本的现代精神，有能力吸纳各种利益相关者的资源，将大学的决策控制权合理地分布于不同的治理主体手里（龚怡祖，2009）[22-26]。可见，完善中国特色现代大学制度的首要任务，就是构建内部和谐、外部协调以及内外均衡的治理结构。在现行体制下，"党委领导、校长负责、教授治学、民主管理"的体制框架是完善中国特色现代大学制度的基本目标。这也是高等学校决策体制变革的指导思想，决策体制的变革必须在这一框架范围内适当调整。而现行的高等学校决策体制离现代大学制度要求的"决策科学化和民主化"还有一段不小的距离。为此，改革我国高校决策体制势在必行，更迫在眉睫。

（3）高等教育体制改革所带来的新变化和高等教育大发展是高校决策体制改革的现实要求

经济基础决定上层建筑，经济体制改革必然会引起政治体制改革，进而影响到高等教育体制改革。而高等教育体制改革带来了许多新变化。突出表现为：为了适应经济体制改革的要求，政治上从中央到地方层层分权的趋势越来越明显。在高等教育体制改革方面，我国大学办学自主权也日益加强。1985 年，中共中央颁布的《中共中央关于教育体制改革的决定》就高等教育体制改革做出了一些规定，强调改善政府对高校的宏观管理，扩大高等学校的办学自主权；1993 年，中共中央、国务院颁布的《中国教育改革和发展纲要》明确提出高等教育体制改革的目标是"解决政府与高等学校、中央与地方、国家教委与中央各业务部门之间的关系，逐步建立政府宏观管理、学校面向社会自主办学的体制"；1998 年《高等教育法》更明文规定，高等学校应当面向社会，依法自主办学，实行民主管理。一切教育体制改革，其落脚点都是为了激发教育的活力，确保高校"面向社会，自主办学，自主发展，自我约束"机制的形成。这种机制创新的主要内容，包括建立"校内决策与校外参与"有机结合的决策机制，建立"行政权力与学术权力"有机结合、良性互动的权力机制，以及建立"集权管理与分权管理"相结合的有效管理机制三个方面。（谈松华，2002）[29-31]随着高等学校办学自主权的不断扩大，高校也逐步转变成为面向社会自主办学的实体，越来越开放，并从社会的边缘走向社会的中心。这些新变化的直接要求就是高等学校必须更好地融入社会，适应政治、经济、科技、文化的发展。进一步讲，高等学校利益相关者的外延正在不断扩展。为了高等学校的可持续和谐发展，需要高等学校决策的科学化与民主化。因此，高校决策时，不仅要听取和吸收专家、学者的意见，也应主动吸纳社会各界人士的意见与建议，甚至邀请参与到高校决策之中。

当前，我国正处在高等教育改革与发展的一个关键时期。谋划这一时期高等教育的改革与发展，首先是要认清当前我国高等教育所处的现实情况和重要使命。2002 年，我国高等教育的毛入学率已达到 15%，2010 年更是达到了 24.2%，这表明我国已经步入了世界公认的高等教育大众化阶段。但高等教育大众化绝不仅是简单的数量问题，更涉及高等教育的结构、专业、招生、职能、学术标准、管理等多方面的问题。马丁·特罗在《从精英高等教育向大众高等教育转变》一文中，从三个维度讲了高等学校的管理问题。在管理中，强调了在大众化条件下，仅仅由学校的精英阶层来决策远远不够，应广泛听取社会的意见，包括各个利益相关者群体的意见。（张德祥，2002）[5-10]

（4）高等教育相关法律是高等学校决策体制改革必须遵循的基本方针

《高等教育法》等相关法规是高校决策制度改革的基本指针，各高校不可另行其是，必须在法规规范的范围内依据本校的实际情况自主创新。

（蔡琼，李明亮，2010）[52-56]《高等教育法》第三十九条规定，"国家举办的高等学校实行中国共产党高等学校基层委员会领导下的校长负责制"，第四十二条规定"高等学校设立学术委员会，审议学科、专业的设置，教学、科学研究计划方案，评议教学、科学研究成果等有关学术事项"。这两种制度在当下我国高等学校的决策体制中正发挥着重要作用。因此，高等学校决策体制的变革只能是在高等教育法律法规规定的格局内进行创新，建立更加科学、更加民主、更符合高等学校特性的决策体制。

由此可见，高等学校决策体制的改革是内部动力与外部压力共同作用下的结果。这一改革既要在一定的理论指导下实施，又要以当前我国高等学校的实际情况为依据。改革的主要目标，就是在既有法律法规框架下，逐渐改变行政权力主导的决策模式，建立学术权力主导的决策体制，旨在提高高等学校内部决策的科学性与民主性。这一目标的达成不可能一蹴而就，而是一个渐进的过程，欲速则不达。为此，改革需要遵循一定的原则。

（四）变革的基本原则

高等学校决策体制变革不仅要建立在一定的理论基础与现实依据之上，而且要遵循一些基本原则。

1. 科学原则

所谓科学原则是指高校决策体制改革设计过程中应以科学的理念为指导，确保决策从过程到结果都是科学的。这就要求决策前应有充分的调查与论证，决策过程中应有科学的议事规则，决策者应该具备科学决策的知识、技能与方法。这是科学决策的必然要求。所谓科学决策，是指在正确理论和思维方法的指导下，按照科学的决策程序，运用科学的决策技术，选择和决定未来行动方案的活动。（孙长义，高云龙，1994）[28-29]科学决策需要科学的决策机制。科学的决策机制不仅要有决策、执行、监督系统，而且要有信息系统和咨询系统。就决策内容而言，高等学校的决策可以简单地分为"学术事务方面的决策"和"行政事务方面的决策"。为了提高决策的科学化程度，高等学校的决策应有科学分工，即不同的决策内容一般由不同的系统、不同的机构和不同的人员来运作。对于学术事务方面的决策，那些学术造诣深、对学科专业有深刻理解的教授最有话语权和决策权。因为，"大学是保存、生产、传播和应用知识的学术组织"（眭依凡，2001）[94]，"在大学有知识的人拥有更大的发言权"（罗梭福斯基，1996）[12-14]。这是由高等学校的本质属性决定的。只有这样，高等学校决策的科学化民主化才有可能实现。这也是决策体制改革中首先要遵循的原则，应贯穿于高校决策的全过程。

2. 民主原则

所谓民主原则是指决策体制的改革中应确保决策过程是民主的，结果是有效的。即民主决策。这不仅是我国高等学校内部领导体制改革的必然要求，也符合世界一流大学决策形式的潮流。关键是高等学校的利益相关者具有民主参与决策的机会。建立我国大学内部决策科学化的民主参与机制必须实现"两个结合"，一是校内民主参与和校外（社会）民主参与的结合；二是决策制定阶段民主参与和决策执行阶段民主参与的结合。（林培锦，2007）[165-169]这里的民主有以下三个方面的内涵：一是确保决策主体的多元化，并让他们有参与决策的机会与途径；二是决策过程中应确保决策者能够自由充分地表达自己的意见，平等地参与决策；三是决策方式应遵从民主集中制原则。高等学校是知识分子的聚集地，他们愿意也有能力参与到高等学校决策中来。因此，民主决策是高等学校决策体制改革必须遵守的原则。

3. 制约协调原则

所谓制约协调原则是指高校决策过程中应做到各决策主体权力之间相

互牵制、相互监督、相互协调。制约是为了使权力行使不超越界限，旨在规范权力运行；协调则是为了使权力行使得更便利，旨在减少权力运行中的阻力。胡锦涛同志在十七大报告中明确指出："要坚持用制度管权、管事、管人，建立健全决策权、执行权和监督权既相互制约又相互协调的权力结构和运行机制。"这是我们党对权力制约协调规律的新认识，提出了权力制约协调机制。仅仅强调制约而不讲协调，权力之间就会发生冲突；仅仅强调协调而不讲制约，权力就得不到应有的控制而被滥用。（姜伟，2008）[40-43]权力制约协调是现代民主政治的普适价值观，高等学校内部权力运行过程也应如此。一方面，为了确保高等学校权力运行的合理性，高校内部权力之间应当相互协调、减少摩擦；另一方面，为了防止权力的腐蚀性，高等学校内部权力之间应相互制约，相互监督，预防腐败。只有这样，高等学校内部决策才能够分而不独、散而不乱。这是高等学校决策体制变革必须遵循的一条重要原则，也是决策体制改革要达到的基本目标之一。

4. 权变原则

所谓权变原则是指高校决策过程中不仅有原则性的一面，也应充分考虑到决策的灵活性，注重环境因素和偶然因素。这是因为，一方面，"学校对外界越来越开放。在社会迅速变化的年代，学校可能很难解释来自外部环境的各种信息和需求信号，也很难处理由此产生的许多矛盾。这种外来信号的不确定性，必将会增加学校内部决策过程的模糊性"（龙献忠，2004）[47-51]。另一方面，"学校是由教师群体和学生群体组成的，他们对组织有着各种不同的要求。由于教师和学生的工作和学习特点……学校的成员是具有流动性的"（张晓鹏，2001）[67-70]。同时，科恩和马齐（Cohen & March）运用实证和理论研究的方法，认为大学呈现为有组织的"无政府"状态（organized anarchy）。"'有组织的无序状态'的比喻可以帮助人们理解在目标不明确、程序或方法不清楚和环境不断受到干扰的教育机构中，这种处于无序状态的组织的动力和活力到底是什么；这个概念还有助于我们扩大视野，使人们跳出官僚等级模式的框框，从而看到组织的松散、易变和流动的一面。"（王少青，2004）[46-48]韦克（Weick）也认为，大学组织是松散结合的系统。（褚宏启，2003）[53]环境的瞬息万变和复杂决定了高等学校决策体制的变革应遵循权变原则。这样才能保证高等学校内部权力运行的高效和决策的正确。

（五）变革的构想——学术权力主导的内部管理体制：教授委员会制度

伴随着我国社会转型，高等教育也处于转型时期，高等教育大众化、国际化的影响不断深入，高等学校办学自主权的进一步扩大，高等学校的办学环境的巨大改变，高等学校决策在高等学校管理中的作用越来越突出。同时，高等学校在本质上是一个学术性组织，这一认识越来越被认同。学术事务的重要地位凸显了学术性决策的重要性。而且，学术事务不同于行政事务，学术决策也不能简单套用行政决策。如果仍然沿用事务性或行政性决策思维逻辑，那么就可能窒息学术生命的发展活力，容易导致以简单的行政命令代替基于低层的学术权力。（蔡琼，李明亮，2010）[52-56]为此，建立健全适应新形势、科学合理的高等学校决策体制就显得尤为迫切和必要。同时，这种变革不仅是在一定的理论指导下，依据我国高等学校的实际情况，遵循相应的原则而进行的，而且也要保持我国高等学校决策体制的特色，即我国高等学校决策体制变革也应有自己独特的发展逻辑。主要包括：一是进一步坚持和完善党委领导下的校长负责制。党委领导下的校长负责制是我国高等学校内部的领导体制，"与其他几种领导体制相比，党委领导下的校长负责制妥善处理政治权力和行政权力的基本框架，提供了科学、民主的高校内部组织形式"（薛传会，2007）[23-26]。经过二十多年的发展，这一领导体制已经深入人心，经受住了实践检验，

"是中国特色社会主义高等教育体制的重要特征，是坚持社会主义办学方向、全面贯彻党的教育方针的根本保障，是体现集体领导、民主决策、科学执政的核心制度设计"（臧树良，2011）[28-30]。二是提升学术委员会（教授委员会）的决策作用，是高等学校决策体制变革的重点。约翰·范德格拉夫曾指出："高等教育的大发展导致了各级机构规模的日益庞大，加剧了各级机构内外进行协调的需要，因此促进了大型行政机构的发展。大学一级的行政管理有了相当大的发展，并且变得越来越专业化。"（范德格拉夫，1989）[126-127]但"这些行政机构只不过是巨大的学术冰山露出水面的部分，这座冰山的漂浮方向绝不是由大学之上的行政机构和外来的政治力量所决定的。教学和研究工作仍然在系里进行，或者在研究所和跨学科专业这类辅助单位里进行"（范德格拉夫，1989）[126-127]。进一步讲，"大学不是行政机关，教授是这里的主人"，可见，在大学，行政应该是为学术服务的，学术权力应该占据主导性地位。因为，"广义地说，在大学内部，流行的观点可以概括为'知识即权力'"（克拉克，1994）[174]。因此，在高等学校，必须充分发挥学术委员会（教授委员会）的职能，重视学术权力在决策中的作用。通过这种方式，也满足了广大教师，尤其是教授参与决策的合理诉求。这是高等学校决策体制改革的目标指向。三是协调好各种权力结构之间的关系。高等学校内部权力主要包括政治权力、行政权力、学术权力三种不同的权力形式。怎样在决策系统中妥善处理这三者之间的关系，是决策体制改革的关键环节。毕竟，高校决策科学化与民主化首先要求其内部权力配置科学合理。由此可见，当前高等学校决策体制变革中最为关键的问题有两个：一是如何进一步坚持和完善党委领导下的校长负责制；二是学术人员如何更好更有效地参与高等学校内部决策。解决这两个问题的根本途径是在党委领导下的校长负责制内部体制下，进一步明确和厘定领导体制和管理体制，构建以学术权力为主导的教授委员会制内部管理体制。这不但符合世界发达国家高等学校决策的总体趋势，也是建立现代大学制度的重要内容和必然要求。

1. 坚持和完善党委领导下的校长负责制，确保高等学校的办学方向

坚持与完善党委领导下的校长负责制，调适政治权力和行政权力，关键是建立党政协调机制，用制度规范领导行为。中国共产党是社会主义事业的领导核心，高等学校必须坚持党的领导，党委处在总揽全局的战略高度，管大事，管全局，管方向，管干部，管人才。党委对学校工作的"统一领导"和校长对学校工作的"全面负责"是一个问题的两个方面，但这两个方面却有主次之分。"校长负责"以"党委领导"为前提，党委和校长、党委和行政的关系是领导和被领导的关系，这是这个体制的制度规定性，也是这个体制的本质属性。（陈海春，2004）[23-24]坚持党的领导，并不是什么事都拿到党委会来研究。发挥学术组织的作用，行使学术权力，支持校长独立负责地行使职权，全面负责教学、科学研究和其他行政工作，行使行政权力是完善党委领导下的校长负责制的重要内容。校长及行政系统行使行政权力必须符合党的路线、方针、政策，无论实行什么样的内部管理体制，重大问题必须向党委汇报或集体研究，校长负责制不是一人说了算，决策应采取委员会制或会议制。完善党委领导下的校长负责制，难点是处理党委领导与校长负责的关系，重点是处理好党委书记与校长的关系。调适政治权力与行政权力，实质上是促进党政职能有机结合，实现党委领导与校长负责的有机统一，变形式上的二元为真正意义上的一元。要建立党政联席会议制度，统一安排党委与行政的工作，协调党委与行政的活动。建立书记办公会议制度，统一对重大问题的认识，协商沟通在决策之前。要制定《高等学校党委会议制度》和《高等学校党委议事规则》（以下简称《规则》），明确议事决策事项和活动方式，依《规则》办事。高等学校的办学层次不同，发展历史不同，党委和行政的活动方式不同，要从实际出发，积极探索适合高等学校自身特点的管理体制，在发展和运行中深化改革，在深化改革中健全和完善机制。（毕宪顺，2008）[91-94]

坚持学校党委的领导是构建学术权力主导的教授委员会制内部管理体制的应有之义，也是其不可或缺的组织保障。在教授委员会制内部管理体制的制度设计框架之中，党委对学校的统一领导体现在教授委员会中，有条件的党委书记或校长担任教授委员会主席，决策形成后由校长为首的行政系统贯彻执行。高等学校教授委员会制度是党委领导下的教授委员会制度，教授委员会制度必须坚持学校党委的领导，认真贯彻党的路线、方针和政策，这一点是在任何时候都不能动摇的。

对于高等学校内部学术事务的管理来说，教授委员会应居于绝对主导地位，这并不意味着高等学校学术事务的管理不要党的领导。在学术事务管理中，学校党委依然居于重要的地位，主要担负着把好政治关，在学术发展的理念上进行宏观指导，维护党和国家利益的重任。对于教授委员会"参与治校"，行使共同决策权的事关学校发展的其他重大事务来说，则更离不开学校党委的领导。事实上，教授委员会"参与治校"正是要探索如何通过教授委员会参与学校重大事务的共同决策，来加强和改善党对高等学校的领导，使党的政治路线得以更好地贯彻落实，同时使高等学校内部的管理更加科学有效。

构建学术权力主导的教授委员会制内部管理体制是改变当前我国高等学校内部行政权力泛化、学术权力弱化的局面，彰显学术权力，维护高等学校的学术性本质，从而又好又快地培养有中国特色社会主义事业的建设者和接班人的有效路径。因此，高等学校党委有必要从政治的高度重视教授委员会制度建设，将教授委员会制度建设的工作作为党委的重要工作内容列入议事日程，定期研究和决定教授委员会制度建设工作中的重大问题，从而有效促进教授委员会制度建设。同时，高等学校党委应加强对教授委员会的领导和"把关"，确保教授委员会健康持续地发展。

2. 构建学术权力主导的教授委员会制度

近年来，我国教授委员会制度无论在理论研究领域还是在实践层面，都取得了较大进展。但现行的教授委员会制度并没有实现其彰显学术权力和去行政化的初衷，也并未改变我国高校内部管理行政权力主导的局面。突破将教授委员会制度作为高校内部的一种学术组织的状况，从高校内部管理体制的视角重新审视、变革和构建教授委员会制度，不仅是我国高校内部管理的制度创新，也是高校去行政化的内在要求。（毕宪顺，赵凤娟，甘金球，2011）[45-50]

（1）教授委员会制度：高校内部管理体制的一种模式

我国高校内部管理是一种典型的行政权力主导的模式，政治权力与行政权力往往交织在一起，使政治权力、行政权力取代学术权力，学术权力被弱化。行政权力主导下的高校俨然成为一个行政机构，脱离了高校作为一个学术组织的基本属性。1998年通过的《中华人民共和国高等教育法》第四十二条明确规定"高等学校设立学术委员会，审议学科、专业的设置，教学、科学研究计划方案，评定教学、科学研究成果等有关学术事务"。经过十多年的实践，学术委员会在高校学科建设和推进决策科学化和民主化等方面发挥了积极作用，但并未从根本上改变行政权力泛化的局面，学术权力的应然地位仍然只是停留在一定的观念范畴内。随着高校内部管理体制改革的不断深入，迫切需要建构一种新型的制度框架，促使高校从行政权力主导向学术权力主导的转变由理念变为现实，以完善高校内部管理体制与运行机制。

目前，我国高校存在着内部管理体制与内部领导体制不分的状况，深化高校内部管理体制改革以去行政化，必须明确区分高校内部管理体制与内部领导体制。因为，管理与领导有区别，管理体制也不同于领导体制。主要表现在领导体制与管理体制规范的内容不同、调整的关系不同、保障的权力及权力主体不同以及所采取的决策方式不同。领导体制按照少数服从多数和"集体领导、民主集中、个别酝酿、会议决定"的原则决策；管理体制也可以采取会议决策，也可以由负责人做出决策。（毕宪顺，2006）[100-101] 由此可见，党委领导下的校长负责制是高校内部领导体制，而不是高校内部管理体制。高校内部管理体制是关于高校内部管理和运行的根本制度，包含高校内部领导体制、高校内部行政体制和高校内部学术体制。我国高校内部管理体制改革是在坚持党委领导下的校长负责制这一内部领导体制的前提下，建立和完善多元化高校内部管理体制，以合理配置政治权力、行政权力与学术权力，从而建立科学的决策机制和运行机制。

教授委员会制度作为高校内部的一种治理模式，源于西方中世纪大学，已经有近千年历史。在我国，最早可以追溯到20世纪初蔡元培主政时代的北京大学。在近百年的发展历程中，教授委员会制度在我国高校中的命运"坎坷"，曾一度消失。就目前来说，比较一致的看法认为，教授委员会是教授群体参与高校管理的一种组织形式和制度安排，是一个依托基层学术组织的决策机构和为学校发展建设出谋划策的咨询机构，决策的对象是与学术发展直接相关的事务，如学科建设、专业建设、师资队伍建设、实验室建设、职称评定和教师聘任等方面的事务。这一观点实质上是将教授委员会视为高校内部管理体制中的一种学术体制。然而，要想实现从行政权力主导到学术权力主导的转变，仅仅将教授委员会作为高校内部管理体制内的一种学术体制是远远不够的。高校实现从行政权力主导向学术权力主导的转变，需要重新思考、定位教授委员会，要从制度上进行变革，即将教授委员会由高校内部管理体制内的一种学术体制上升到高校内部管理体制。这是根本所在，也是教授委员会制度的发展出路之所在。

作为高校内部管理体制的一种模式，教授委员会制度不再只是行使学术权力的组织制度，不再只是高校内部管理体制中的一种学术体制，而是一种以学术权力为主、兼有重大行政权力行使，学术权力与行政权力有机耦合，学术权力主导的高校内部管理体制。教授委员会由全体教授或教授代表组成，党政领导具备教授身份的进入教授委员会，教授委员会主席由教授委员会选举产生。教授委员会就学校的重大问题进行决策，包括学校的发展战略与规划，学科专业设置与调整，经费投入与融资方案，师资队伍建设与规划，校长遴选与评议等。教授委员会制度作为一种高校内部管理体制模式，与党委领导下的校长负责制内部领导体制并不矛盾。在这种管理体制模式内，学校党委对教授委员会实施领导，有关重大问题学校党委研究后递交教授委员会通过。校长负责实施教授委员会的决定，对党委和教授委员会负责，将党委领导下的校长负责制领导体制贯通于教授委员会内部管理体制中。这种体制能够较好地解决高校内部管理中的决策、执行、监督机制的相互协调问题，教授委员会集体决策，校长为首的行政系统负责执行，教职工代表大会民主监督。（毕宪顺，2008）[91-94]这样，既坚持了党委领导，又保证了校长负责，也体现了学术权力的主导与核心地位，更形成了政治权力、行政权力和学术权力三者有机耦合又相互制约与协调的高校内部权力运行机制。

（2）教授委员会的性质、定位与功能

与仅作为高校内部管理体制中的学术体制的教授委员会制度相比，作为高校内部管理体制本身一种模式的教授委员会制度在其本质、目标及功能等方面存在诸多不同，需要在坚持党委领导下的校长负责制内部领导体制下，对教授委员会的性质、定位与功能等内容进行进一步的明确与变革。

第一，教授委员会的性质——教授治学还是教授治校。

关于我国高校教授委员会的性质，目前存在许多观点，比如：教授委员会是指大学中由教授（或副教授）组成的权力机构，主要负责教学与科研方面的决策与管理工作；（李中锋，濮德林，2006）[41-43]教授委员会不同于目前的学术委员会，不是一个咨询、评议机构，也不同于行政组织，不专门从事于行政管理，它是一个决策机构，从事学术事务的决策和管理；（张意忠，2006）[86-89]中国大学教授委员会的基本定位是基层学术组织学术事务的决策机构。（张君辉，2007）[72-75]上述表述虽然不尽相同，但有一个明显的共同点，即认同教授委员会的作用范围是高校的学术事务，行使对教学与科研等相关学术事务的决策权，认为教授委员会是一个学术组织或一种学术体制。这种学术体制观认为教授委员会作为一种综合性的学术权力机构，职权主要是对学术事务的决策和非学术事务的咨询，即强调教授委员会的本质是"治学"。

然而，将教授委员会作为"治学"的组织或体制模式的观点是值得商榷的。首先，这种教授委员会难以完全体现高校的本质属性。高校是对高深知识进行选择、传承、批判和创新的学术机构，学术性是其本质属性，教授理应成为大学学术领域的支配性力量。而大学的学术活动是其各项活动的核心所在，其他各项活动都是围绕这一核心而展开的，这就决定了教授在高校内部决策与管理中的主体地位与核心作用。要真正在高校内部实现学术主导，维护高校的本质属性，教授委员会必须能够主导和决策高校中的重大问题与事务。即教授委员会不能仅仅局限于"治学"。其次，这种教授委员会难以真正形成对高校内部行政权力的有效制约，难以保障学术权力主导在高校的实现。我国高校建立教授委员会的初衷在于彰显学术权力，力图改变行政权力主导的局面，而仅仅将教授委员会的作用范围界定在学术事务上，不管其权力有多大，都只能部分地而不可能真正改变行政权力主导高校内部整体决策的局面。换句话说，如果教授委员会只能"治学"，仅对学术事务有决策权，而有关高校发展方向、战略、人事、经费等重大事项仅由行政人员决定，高校学术权力主导也就难以实现。因此，作为高校内部管理体制的教授委员会制度，在制度设计中，教授委员会在本质上应该是治校组织。

学校是一个特定的组织，"学"与"校"又有特定的内涵和释义。"学"所指的是学术和教学，"校"所指的是组织和机构。"治校"就是治理学校，而"治学"仅仅强调治理学术。对教授"治学"还是教授"治校"的问题应该从以下三个方面理解。

首先，"治学"和"治校"首先是一个办学理念，其次才是办学实践。教授治校是高等教育发展形成的先进的办学理念，在西方发达国家的高等学校实践中取得了巨大成功。学习和借鉴这一先进的办学理念，在实践中应循序渐进。但作为办学理念，教授治学替代不了教授治校；作为办学实践，由教授治学趋向教授治校，这是高等学校的理性选择。

其次，"治学"和"治校"统一于高校的本质和功能。"治学"是"治校"的基础与前提，"治校"是"治学"的保障；"治学"包含在"治校"之中，是"治校"的核心内容，没有"治学"，就谈不上"治校"，没有"治校"，"治学"也就成为一句空话。

最后，"治学"与"治校"不是自治，更不是"完全自治"。教授治学和教授治校与加强行政管理并不矛盾，都要在党委的统一领导下施行。对于高校内部学术事务的管理来说，教授委员会应居于主导地位，这并不意味着高校内部学术事务的管理不需要行政管理。在学校管理中，教授治学和教授治校，与依法治校是一致的，都是现代大学制度的重要内容。

由此可见，作为办学理念，应该倡导教授治校，不能因为我国高校行政力量强大、短时间内实现不了教授治校而放弃这样一个追求。教授委员会作为一个组织，其性质是治校组织，只有教授治校才能真正体现教授的作用，实现以学术权力为主导，彰显高校的本质属性。"治学"和"治校"是统一的，统一于高校的本质和功能，推进教授治校是高校管理体制改革的目标，由教授治学到教授治校是一个渐进的过程，二者没有根本矛盾，并不互相排斥。肩负着"治校"使命的教授委员会突破了单一的对学术事务进行决策的范畴，对事关学校发展的重大事务具有一定的决策权，作用范围更广；教授委员会不应仅存在于院系，更应设在学校层级，层次更高，其不仅能对高校内部的事务具有咨询的权力，而且具有决策权力，功能更多。

第二，教授委员会的定位——参与学校事务还是主导学校发展。

主流观点认为，教授委员会是一个依托基层的学术组织，其作用对象是与教学和科研直接相关的事务，即认为教授委员会应定位于高校的基层——院系，作用范围仅限于学术事务。在实践运作中，教授委员会也是如此。这种形式的教授委员会，由于层次低，作用范围有限，难以从根本上动摇行政权力在高校内部管理中的主导地位，更不可能实现高校内部管理从行政权力主导向学术权力主导的转变。同时，当前许多高校的教授委员会在人员构成上也存在缺陷，如教授委员会中的教授往往担任了一定的行政职务，尤其是主任委员多由院系主任等行政领导担任。在高校内部，"只有学校和学院组织的各种专业委员会属于纯粹的学术组织，但不难发现，在这些专业委员会中不少学者均担任着一定的行政职务"。（赵文华，2000）[44]组织社会学的研究表明，不同的角色有着不同的行为规范，从而必然影响到决策的结果。一旦人们扮演了不同的角色，他们的行为也受到不同的制约，促使他们得出不同的结论。（周雪光，2003）[296]这意味着担任或不担任行政职务的教授在对同一问题进行决策时，将遵循不同的行为规范，得出不同的结论。此外，在现行的教授委员会制度中，院系行政领导对教授委员会有较大的制约作用。院长通常都是教授委员会的主任委员和会议提案主体，即使院长不是教授委员会主任委员，一般也要求教授委员会主任委员在确定议题前与院长沟通。可见，当前教授委员会所行使的学术权力表现出明显的"行政化"倾向。

　　以上理论观点和实践做法都直接或间接地反映出这样一个事实：处在我国高校行政权力主导而学术权力弱化环境之中的教授委员会并没有表现出应有的本质属性，当前的教授委员会在高校内部决策中仅仅扮演的是"参与者"的角色，与学术委员会等其他的学术组织相比，这种形式的教授委员会也仅能参与学校事务，这一点并未发生根本改变。

　　然而，将教授委员会仅仅作为"参与"学校事务的制度设计不管在文本上有多少优点和长处，它在理论上和实践中都存在问题。首先，因为这种形式的教授委员会对高校内部权力关系及其作用方式的改变与促进方面将难以产生实际效用，也远未落实到具体的行动之中。行政权力仍然主导学校的发展，而学术权力式微的处境依然如故。其次，因为这种形式的教授委员会与高校的本质属性和职能所要求的教授委员会相距甚远，对于高校内部管理体制改革和现代大学制度构建的意义也远远低于其设立之初衷和主旨。现代大学有三项公认的基本职能——培养人才、发展科学和社会服务。无论是通过传承高深知识培养专门人才，通过创新高深知识发展科学，还是通过应用高深知识直接为社会发展服务，高校的各项职能活动都是围绕高深知识而展开的。无论是"探究的学术"、"整合的学术"，还是"传播的学术"和"应用的学术"，学术始终是高校各项职能活动的根本所在。因此，从根本上来说，高校是一个学术性的社会组织，学术性是高校的本质属性。这就决定了掌握高深知识、作为教学与科研活动主要承担者的教授群体应该成为大学教学和学术研究的主体，代表教授群体行使权力的制度平台——教授委员会应主导高校整体和长期发展的大政方针与政策。也就是说，教授作为大学组织的核心成员决定了他们拥有组织管理的权力。（陈运超，2007）[38-40]

高校的本质属性和基本职能决定了学术权力应处于高校内部权力的中心，教授委员会应是高校内部事务的真正主导力量。因此，将教授委员会的目标定位由参与学校事务转变为主导学校发展意义重大，影响深远。

首先，有利于真正实现民主管理、科学决策与专家治校。赋予高校教授委员会以主导的地位，使教授成为高校内部管理活动的主体，能够充分调动教授群体的积极性、主动性和创造性，发挥他们的智力优势，群策群力，民主管理；由教授委员会集体决策，既符合现代管理科学决策理论的发展趋势，又使决策更加科学化与民主化，更体现了专家治校的思想。

其次，有利于协调行政权力与学术权力，彰显学术权力。行政权力强化而学术权力弱化一直是我国高校内部权力配置与运行中的一个突出问题。在高校内部管理中，当代表学术权力的教授委员会由参与转向主导时，就意味着学术权力弱化的不利局面将会改变，进而逐渐趋向学术权力与行政权力两者在高校内部的相互制约与相互协调的理想状态。

最后，有利于进一步促进学科、学术和学校又好又快、更好更快地发展。高校是以不同的学科和专业为基础的学术机构，只有由掌握了各学科和专业高深知识的教授组成的教授委员会主导了高校内部的管理活动，学科才会更有希望，学术才会繁荣，依赖于学科与学术的高校才可能遵循高等教育的内在规律科学发展，和谐发展。

由此可见，无论从高校的学术性本质及其基本职能来看，还是从当前我国教授委员会在高校内部管理中的缺陷和局限性来看，要真正实现制度创新，构建教授委员会制内部管理体制，在高校内部彰显学术权力，实现学术权力主导，就必然要求在教授委员会的目标定位上实现从"参与"到"主导"的转变。即作为高校内部管理体制的教授委员会在高校内部决策中不能仅仅作为参与者——参与学校事务，而应该是主导者——主导学校发展而存在的，教授委员会应该是高校内部事务，尤其是学术事务和其他事关学校发展的重大事务的真正主导力量。

第三，教授委员会的功能——咨询还是决策。

对于教授委员会的功能，目前理论界比较有代表性的观点认为，教授委员会是教授群体参与高校决策的制度安排，是一个依托基层学术组织的决策机构和为学校发展建设出谋划策的咨询机构，其决策的对象是和学术发展直接相关的事务。（朴雪涛，2005）[25-27]教授委员会主要设置在基层学术组织（即院系一级），作为学院一级管理机构的核心之一，发挥着学院学术事务的决策与非学术事务的咨询的功能。（张君辉，2006）[56]可见，这些观点普遍认为，教授委员会的功能主要在两方面：一是对院系学术事务的决策；二是对院系非学术事务的审议与咨询。在实践运作中，高校通过教授委员会章程对其职责作了具体规定，明确了教授委员会的功能所在。

当前这种"决策与咨询"的教授委员会功能定位是与其作为高校内部管理体制中的学术体制相适应的，具有一定的合理性。但作为一种高校内部管理体制，教授委员会仅仅具有院系层级学术事务的决策权，而对于院系内部的其他事务和学校层级的事务，尤其是事关学校发展的重大事务仅仅具有咨询权，这是远远不够的。因为，"在中国由于国立和公立大学占绝大多数，形成一个典型的行政导向的高等教育系统……尽管大学里也有不同的利益集团，但起决定作用的仍然是行政力量。特别是规模较小或建校历史短的高等学校，行政力量控制着高等学校的权力系统"。（赵文华，2000）[43]事物的功能总是在与环境的作用过程中表现出来的，在行政导向的高等教育系统环境中，在其自上而下的权力作用方式面前，教授委员会的这种仅限于院系层级的学术事务决策功能将难以落到实处，或者说这种决策功能在实践中将极有可能异化为咨询功能。正如有学者所言，"这冠冕堂皇的'为发挥各单位教授……作用'的'教授会'，终究不过是学校行政领导暨'学术委员会'的一个咨询机构。'教授会'的职能就是在评议教师（主要是聘用）时提点小建议而已，学校的决策管理大权仍然牢牢地掌握在少数行政人员手中"（田畔，2003）。事实上，在当前的实践中，教授委员会在整体上基本只是发挥审议与咨询的功能，起到的也只是"智囊团"和"参谋部"的作用。

基本功能是本质的外部表现，因此，教授委员会的基本功能必须体现教授委员会的本质。如前所述，教授委员会在本质上是"治学"和"治校"的组织，这决定了教授委员会的功能定位应突破当前仅为"智囊团"和"参谋部"的局限，实现从咨询到决策的转变，让教授委员会享有对事关高校发展和教师切身利益的问题的充分的发言权和决策权。其实质是使教授群体从决策的咨询者或被动执行者转变为决策的共同制定者，成为高校内部重大事务真正的主导者。实现教授委员会功能定位从咨询到决策的转变，不仅必要，而且可能，但需要对教授委员会进行再设计。

第一，调整教授委员会的层次定位，即从定位于院系层面提升到学校层面，这是前提和必要条件。从功能与结构原则来看，事物的基本功能是由事物的基本结构决定的。因此，只有将教授委员会提升至学校层面，才有可能使其真正具有决策功能，使其成为教授群体行使权力的制度平台，也才可能承担起真正实现教授权力的重任。而美国一些高校教授委员会的成功运作及我国部分高校在学校层面设置教授委员会并运行良好的实践也证明了这完全可行。

第二，教授委员会应成为高校内部治理结构中的一个独立的权力主体。这是教授委员会突破咨询功能，实现决策功能的必然要求。只有教授委员会作为高校内部治理结构中的一个独立的权力主体存在，才有可能真正具备对高校内部事务的决策权。否则，教授委员会仍然只能停留在咨询、参谋与审议的层面。只有教授群体成为了高校内部重大事务的主导力量，教授委员会具备了对高校内部重大问题的决策权，这样的教授委员会制度才具有制度革新性意义。

（3）构成与运行

第一，教授委员会的组成。

要建立学术权力主导的教授委员会制度，教授委员会的人员组成也要进行相应的设计和安排。这种制度设计在突破当前局限性的基础上，更应有所创新。概括而言，可以考虑从以下六个方面进行设计和安排：

一是党委书记、校长等党政领导人员中具备教授职称的可以进入教授委员会，这是党政领导进入教授委员会的前提和必要条件。

二是教授委员会主席应由民主选举产生，不能直接任命，主席候选人可以是党委书记、校长或资深教授，应定期换届。

三是教授委员会的委员人数应遵循审议制机构由奇数构成的基本原则，利于决策有效，以彻底改变教授委员会在委员组成数量上奇偶数并存的现实。

四是教授委员会由全体教授或教授代表组成，但不能完全囿于"教授"两字，应该考虑副教授进入教授委员会以增强代表性，尤其是当教授达不到教授委员会的规定人数时，副教授等更应该进入教授委员会，这既符合发达国家高等学校教授委员会组成人员多样化的普遍做法，又能改变当前教授委员会委员代表性不足和忽视副教授这一绝大多数教师群体的根本利益的事实，更能有效防止可能出现的少数人权力替代多数人权力的局面。

五是应尽可能地确保无行政职务委员在教授委员会中占有多数席位，以实现学术权力的主导地位，从根本上改变当前教授委员会中教授委员往往担任一定的行政职务的局面，即彻底改变学术权力明显的"行政化"

倾向。只有当无行政职务的教授在教授委员会中占多数席位，有行政职务的教授只占少数席位时，在一人一票的教授委员会议事规则下，普通教授的声音才会更加响亮，教授委员会所做的决策才可能真正代表学术权力的行使，决策结果才能让人信服。

六是教授委员会的组成人数多少为最合适，应视学校规模和教授数量等具体情况区别对待，人数多与少各有利弊，教授委员会组成人数不能太少，以确保决策的科学性和民主性；但教授委员会组成人数也不能太多，以利于组织和管理。

需要指出的是，前三个方面属于原则性问题；后三个方面应遵循具体情况具体对待的原则，综合考虑，权衡利弊，灵活处理。

第二，教授委员会的任期。

教授委员会的任期是指教授委员会行使职权的期限。作为一种有效的和广泛认可的制度设计，任期制现已普遍存在于当前各高等学校的教授委员会中。与学术委员会等学术组织相比，这是一种进步，但这是一种简单的以任职年限为基础的任期制，有其明显的局限性和不足之处。合理的任期制对于保证教授委员会运作的科学化与规范化、提升教授委员会委员的积极性和主动性，以及保持教授委员会工作的连续性和稳定性等方面具有重要意义。因此，构建学术权力主导的教授委员会制度，迫切需要建立一种更加有效的任期制，使现在简单的以任职年限为基础的任期制转变为一种以任职年限和任期目标考核相结合的任期制。具体而言，可以尝试从以下几个方面进行重新设计：

一是任职年限应适当延长，以每届任期5年为宜。教授委员会的任期不能太短，太短可能会使教授委员会委员在还没有完全适应该角色时就可能已到任期结束，从而不利于发挥他们的积极性；但也不能太长，太长则可能会产生工作倦怠，也不利于教授委员会的运行和决策。同时，这样也可以与当前我国高等学校实行的党政领导任职年限保持一致，更利于教授委员会的运行。

二是应规定任期的最高届数和每届委员的更新率。这是因为，如果不规定任期届数，可以连选连任，则可能使任期制失去应有的意义，有出现"终身制"的可能。因此，教授委员会的任期应规定最高届数一般以二至三届为宜，每届应保证有四分之一左右的新委员进入新一届教授委员会，特殊情况可以放宽。

三是应制定具体的教授委员会工作目标，并规定教授委员会委员每年年底应向教职工代表大会述职，接受广大教职工的监督。这是因为，没有目标就没有方向，更无从考核与评价；没有监督更容易出现权力的滥用。因此，应规定，不仅教授委员会主席需要向教职工代表大会述职，而且教授委员会委员也需要向教职工代表大会述职。只有目标明确和监督有力才能促进教授委员会决策科学化与民主化。

四是应规定任期内如果教授委员会委员不能履行好自己的义务时，可采取的具体措施，如解聘等。同时，对于连续两年考核不合格的教授委员会委员应直接解聘。

实际上，教授委员会的任期是一个复杂的理论和实践问题，正如管理幅度一样，不同的研究者可能会有完全不同的答案。任期多长最合适，最能发挥教授委员会的积极作用，可能没有一个非常精确的数字，只能进行一般性的预测和规定，不同高等学校应根据自身的情况，在充分调查的基础上做出合理的规定。换言之，对于教授委员会的任期限定应联系各高等学校的具体实际状况，统筹考虑，配套进行。但应遵循的基本原则是：既能保证教授委员会运作和功能的延续性，又能突出其所选择的具体安排的优势。

第三，教授委员会的活动方式。

教授委员会是以集体组织的形式进行活动的，这意味着教授委员会需要有效的活动方式才能实现其运行目标并确保其决策的科学化与民主化。活动方式是为了达到某种目的而采取的方法、手段和形式的总称。为了保证有条理地、及时地和公平地组织并处理职权范围内的事务，必须要有相应的活动规则对教授委员会的活动形式做出相应的规定。

当前我国许多高等学校的《教授委员会章程》中主要对教授委员会的议事规则作了一些笼统的规定，其中有些涉及活动方式的内容，但并不具体，更多的则没有涉及。也就是说，目前我国高等学校教授委员会还没有形成规范有序的活动方式。主要表现出无计划性、随意性太大和封闭性等问题。因此，我们认为，必须改变教授委员会活动方式中不应有的无序状态，健全和完善教授委员会的活动方式，使之规范化和制度化。即实现教授委员会活动方式从"无序"走向"规制"。活动方式的规制化是教授委员会完善与成熟的主要标志之一，也是教授委员会迈向"法治化"的必然要求和必经之路，它能够保证教授委员会的活动有计划、有秩序、有效率和有监督。因此，这种转变的意义重大，势在必行。实现教授委员会的活动方式从"无序"走向"规制"可以尝试从以下三个主要方面着手。

首先，议题的提出及会前准备，应加强计划性。议题应在教授委员会章程规定的权限范围内，议题应是在充分讨论的基础上，抓主抓重。每次会议应尽可能只选择一个议题，以防出现对议题的不加区分和不加选择的"一揽子"活动。议题确定后，应由教授委员会秘书将议题及其相关内容告知教授委员会委员，做好会前准备和会议通知，预先拟订活动的具体步骤，充分考虑到活动中可能出现的一切例外情况，制定相应的、针对性强和可操作的应急方案。

其次，应规定会议的频次，并加强对教授委员会会务工作的管理。应对教授委员会最低限度的活动频次做出明确规定，以防出现教授委员会长期不开会和想开会就随时开会的情况；教授委员会秘书在做好会前准备的前提下，也应负责会议记录、编写会议纪要等会务工作。会议记录上应有出席会议的教授委员会成员和秘书的签名，并归档保存。

最后，保证活动过程的开放。教授委员会委员是教职工民主选举产生的，应该也必须反映和代表广大教职工的根本利益。因此，应尽可能地克服当前教授委员会议题的选择、最终的决策过程等内容除了教授委员会的教授知晓外，广大教职工并不清楚的局面。也就是说，教授委员会的议题应对外公开，决策结果、执行情况和效果应尽可能地对外公开，遵循可公开的完全公开、可公开可不公开的尽量公开的原则，以保障广大教职工的"知情权"，尤其是对于那些直接关系到广大教职工切身利益的议题，可邀请普通的教职工代表列席会议，接受广大教职工的民主监督。

教授委员会活动方式的转变，旨在使教授委员会的工作规范有序、决策科学民主、建议合理可行以及监督要求有力。但需要指出的是：教授委员会的活动方式也是一个动态的发展过程，业已确定的活动方式并不是一成不变的，随着教授委员会制度的不断发展和完善，其活动方式也应与时俱进，不断发展和完善。

第四，教授委员会的议事规则。

教授委员会是以委员会会议来行使其职权的，在此过程中，议事规则显得尤为必要与重要。为了保证教授委员会有条理地、迅速地和公平地组织并处理事务，当前我国已成立教授委员会的大多数高等学校制定并颁布了《教授委员会章程》，内含议事规则条款。这是教授委员会与其他学术组织相比一个非常明显的进步。但仔细分析现有各高等学校《教授委员会章程》中的议事规则，不难发现这样一个事实：议事规则主要包括法定出席人数、表决原则等内容，但诸多内容规定得很笼统和原则化，极为简单，很多内容没有涉及。诸如议题提出后如何议，怎么讨论，怎么达成共识，由谁来监督执行，以及教授委员会委员不参加会议应该怎么处理等议事规则，并未做出明确的规定。换言之，目前我国教授委员会的议事规则还很不完善，存在许多漏洞，这必然会增加教授委员会运作和决策的随意性。此外，从经济学的角度看，教授也是理性人，他们完全有可能为了个人的利益而损害公共的利益，因此，教授委员会的活动不仅需要教授委员会委员个人的自律，更需要他律，需要正式而明确的规则予以维护与保障。内容不完备、条款不齐全的议事规则会导致教授委员会权力的分设与相互之间的制约变得不可能，教授委员会的运作势必难以产生有效的约束，可能直接为教授委员会的健康发展埋下隐患。因此，必须逐步完善教授委员会的议事规则，使之逐渐走向规范化和制度化。

完善的议事规则实质上需要一种有效的制度安排。"制度是一个社会中的一些游戏规则，或者更正式地说，制度是人类设计出来调节人类相互关系的一些约束条件。"（诺斯，1994）[15-16]正式组织的鲜明特点之一是它的规章制度，特别是维持组织内部日常运行的程序规则（standard operating procedures）。规章制度对于组织决策具有重要作用。第一，组织规章制度决定了注意力的分配，从而影响了决策的频率；第二，规章制度决定了什么人参与决策的过程，从而影响了决策中利益分配的结构和基础；第三，规章制度决定了信息收集、加工和解释的组织结构，从而影响了决策过程的走向。（周雪光，2003）[293]可见，规章制度在教授委员会的议事规则中具有不可替代的作用。在软、硬制度的共同约束下，教授委员会的运作及决策才能实现公平、公正、高效的目标，才能真正做到权力的分立与权力之间的相互制约。

建立有效的议事规则应遵循三条基本原则：一是程序正当、决策科学的原则。教授委员会决策既遵守学校的规章制度和《教授委员会章程》，使工作规范有序；又优化活动和议事决策程序，提高决策的科学性和工作效率。二是民主性原则。教授委员会的议事决策实行民主集中制，少数服从多数。三是权责对等原则。每位教授委员会委员拥有《教授委员会章程》内的一切权力，议事时有充分的时间发表自己的真实想法。同时，也要对自己的议事发言与表决负责。

具体而言，可以考虑从以下两方面健全和完善教授委员会的议事规则。一是议题的审议与决策程序应公正。会议的发言讨论应确保每个出席会议的教授委员会委员充分的自由，有足够的时间自由发表自己的意见，应保留不同意议题内容的个人意见，并记录在案。防止会议过程中出现"一言堂"和"野蛮争论"等不良现象，使教授委员会权力的分设与相互之间的制约成为可能。二是应具有应急机制。要有遇到特别紧急的议题时怎样召开临时会议的相关规定；不但要有当教授委员会委员不能出席会议时的规定，而且更应规定有教授委员会委员多次不出席时以及会议中议题不能形成统一意见时的处理办法等，以便在这些特殊情况出现时，能够及时有效、有章可依地进行处理。（毕宪顺，2010)[126-131]

（4）建立和完善教授委员会内部管理体制应注意的问题

要建立学术权力主导的教授委员会制度，必须合理划分学校权力与院系权力，逐步下放权力。

一是下放教学权。长期以来，我国高等学校受苏联影响，实行统一的学制和教学大纲，统一的教学计划，统一的教材，这种影响目前还存在。落实高等学校办学自主权后，教学权应还权于学院、系，还权于教师。"教师应当负责决定学习的课程，包括选择教科书，享有决定教学、专业和管理等所有内部事务的权力。"（Hofstadter，1969)[237]下放教学权力包括：鼓励创新，实行灵活的学制；适应社会需要，拓宽专业口径，由学院、系制订不同的培养模式、教学大纲和专业计划；鼓励教师编写教材，特别是专业课教材。

二是下放科研权。科学研究的基础在于团队，在于宽松和谐适宜的学术环境。科研管理的改革取向就是在国家宏观科研政策的基础上，更好地体现服务，为科研人员服务。高等学校下放科研权的关键是实行课题组长负责制，在人员配备、经费使用等方面给课题组以自主权，发挥课题组团队成员的积极性和创造性。学校、院（系）的行政管理权更多地从直接管理转向制定科研政策等，进行间接管理，为科研人员创造条件。

三是下放人事权。在我国，几乎所有高等学校的人事权都是集中在学校一级的，甚至有人认为人事权集中在政府主管部门，学校也没有多少人事权。实际上，随着政府改革和高等教育的发展，政府给了高等学校以很大的人事权，在某些方面，中国高校的人事权甚至比国外高等学校还大。过去，政府人事部门靠编制控制高等学校进人，靠下达指标控制高等学校教授、副教授比例。现在已经转向根据高等学校办学规模和事业发展需要核定人员规模，根据高等学校办学层次、水平制定设岗原则，进行宏观指导，由高等学校自行决定内部机构设置和岗位设置，这就给高等学校以相当大的自主权。在这种情况下，高等学校也要下放权力给学院或系。引进专业技术人才，将考核和决定权下放给学院；在学校机构和编制计划内，将学院下属机构用人权下放给学院；在学校规定的岗位数额内，将部分教师（如副教授、讲师）的聘任权下放给学院；津贴分配中，学校制定的津贴分配方案，留有余地，给学院以较大的自主权。

四是下放财权。《高等学校财务制度》第五条规定，高等学校实行"统一领导、集中管理"的财务管理体制；规模较大的学校实行"统一领导、分级管理"的财务管理体制。第六条规定高等学校财务工作实行校（院）长负责制。实行"统一领导、分级管理"财务体制的规模较大的高等学校，就要根据财权划分、事权与财权相结合的原则，给二级单位财务管理自主权，包括：在学校统一财务收支计划和资源配置下，二级单位有权对学校下达的预算经费和分配的资源进行统筹安排和使用；在学校统一财务规章制度下，二级单位有权制定财务规章制度的实施办法；在学校统一财会业务领导下，二级单位有权管理本级会计事务。过去，二级单位泛指总务、校产等涉及面广、资金发生额较多的部门，随着学院制的出现，学院的功能逐步增强，学校下放财权于二级学院成为财务改革的重要内容。鉴于我国高等教育发展迅速，高等学校需要集中财力办大事，下放财权不是分散财力，需要根据各校实际逐步下放，不可一概而论。

五是必须重视和发挥学术带头人和团队的作用，给学术带头人和团队更大的自主权。学术带头人由于其在学术上的成就和贡献，不仅在学科建设上有较大的影响力，而且在行政工作中也有较大的发言权。正像伯顿·克拉克所言，"纵然个人化的权力总有潜在的被滥用的可能，但是高等教育体制没有它，似乎就无法有效地发挥作用。因为，它渗透在研究中所必需的个人创新自由和个人教学自由的条件之中。而且，对学生个别化的言传身教，又是培养高级人才的基本方法。所以，没有个人统治权，也应该造出一个个人统治权"（范德格拉夫，2001）[187]。

建立和完善教授委员会内部管理体制是一个新的尝试，尤其是我国高等学校在纵向上既有三级设置又有二级设置，存在学术权力与行政权力的非对称性，因此，变革与构建的难度不小，任重而道远。 （毕宪顺，2008）

三、高等学校内部执行体制研究

（一）高等学校内部执行体制概述

 论及高等学校执行体制，首先须准确认识"执行"的内涵。在我国传统的知行关系中，对于"行"尤其重视。荀况曰："知之不行，虽敦必困。"（《荀况·儒效篇》）朱熹曰："论先后，知为先，论轻重，行为重。"（《朱子·语类》）20 世纪 80 年代，美国著名管理学家托马斯·彼得斯在其著作《追求卓越》一书中同样提到了"贵在行动"的原则。管理归根结底是关于实践的学问，其本质不在于"知"而在于"行"，这是管理学大师彼得·德鲁克的一句至理名言，而执行无疑是管理的中心环节。拉里·博西迪在最早的《执行：如何完成任务的学问》一书中对"执行"有详细的阐述："执行是一套系统化的流程，它包括对方法和目标的严密讨论、质疑、坚持不懈地跟进，以及责任的具体落实。它还包括对企业所面临的商业环境做出假设，对组织的能力进行评估，将战略与运营及实施战略的相关人员的结合，对这些人员及其所在的部门进行协调，以及将奖励与产出的结合。它还包括一些随着环境变化而不断变革前提假设和提高公司执行能力以适应野心勃勃的战略挑战的机制。""从最基本的意义上说，执行是一种暴露现实并根据现实采取行动的系统化的方式。"（博西迪，查兰，2005）[18-70] "执行的核心在于三个核心流程：人员流程、战略流程和运营流程。"（博西迪，查兰，2005）[1]

高等学校的执行，是大学组织内所存在的，通过理解高等教育的目标及方向，设计实施方案，并对各种组织资源，包括人力、物力、财力等进行集中调度和控制，从而执行高校的决策、战略与规划，完成其既定目标的内在过程。高等学校执行体制，正是在这一过程中形成的机构设置和管理权限划分及其相应关系的制度。改革和完善高等学校执行体制，不外乎也是围绕执行的上述核心要素，即人员配备、机构设置、运行机制等展开。

（二）高等学校内部执行体制的现状评价

总体看，我国高等学校行政长期以来实行校长负责制，由校长负责高校的全部执行工作。过去很长一段时期，高校内部一般采用校、系两级管理体制，其中校级行政管理机构是全校行政工作的统筹部门，系一级是具体落实的教学、科研单位。高校行政权力主要集中在学校一级，学院、系乃至教研室作为高等学校的基层教学组织，尽管承担着大量教学科研任务，但在实际生活中，院（系）对人、财、物的管理权甚小，即便是教学、科研、学科建设的权力，由于学术权力与行政权力失衡，院、系的权力常常与校部机关职能部门发生冲突。20 世纪中期以来，不少规模较大的高校开始建立校、院、系三级管理体制，也有部分高校实行校、院二级管理体制，按学科门类或一级学科设置的学院，成为学科建设的载体和一级管理组织。学院成为介于校、系之间的办学实体，系成为高校最基层的职能机构。学校管理模式由原来校系纵向管理逐渐向扁平式管理发展，形成校院二级管理体制。目前，高校二级学院已逐步形成较大的办学规模，承担着大学的教学、科研、社会服务等重任，管理着巨额学科建设资金，在财务、人事等方面开始享有一定的自主权和学院事务的决策权。近年来，各个高校都在大胆推进执行体制改革，探索精简内设机构和管理人员，开始建立教育职员制度；调整或重组教学组织，加大系（教研室）的执行力，进一步理顺校、院、系关系。尤其是高校后勤社会化改革明显取得了突破性进展。

客观地讲，高等学校执行体制的现状，与我国的改革开放事业是相适应的。包括执行体制在内的高校内部管理体制改革作为中国社会全面改革开放的重要组成部分，其改革的特征、进程、重点与社会改革基本保持了同步。从总体上讲，高校执行体制改革的启动是从建立责任制、下放权力开始的，围绕下放高校行政权力与切实落实自主办学、利用市场适应需求同时引入竞争强化责任，不断优化体制科学组织等关键方面，循序渐进地推动高校执行体制改革的深化。当前的高校执行体制改革充分注意到"自上而下"和"由外及里"这样的特征，预期在未来比较长的一段时间里，这样的特点还将继续。当然，也应当看到，与高校执行体制改革初衷不一致的一些非预期效应在一定程度上影响了高校执行体制改革的成效，最为突出的就是行政化、趋利化和集权化问题。

1. 我国高等学校管理存在泛行政化的倾向

这种行政化倾向具体表现在以下三个方面：一是高校组织机构行政化。高校组织机构套用了政府机关行政级别，实行首长负责制，一级管一级，隶属关系清晰，建构了一个金字塔式的结构。二是高校管理机制行政化。学校等同于行政部门，在院系之间沿袭了行政管理关系。三是官本位意识盛行。随着我国财力状况的改善，尤其随着对科技竞争认识的不断深化，高等教育投入迅速增加，对于多数高校来说，通过各种途径获得的政府公共财政支持迅速增加。在高校内部，学校控制的教育教学资源总量迅速膨胀，有相当部分的资源是通过行政体制分配的，直接导致多数高校内部各类资源的配置中行政权力的影响不断扩大，高校官本位意识不仅没有被削弱，而且有不断强化的倾向，这在一定程度上影响了现代大学运行机制的建立，对高校内部管理体制改革造成阻力。随着经济体制改革的深化，高等学校管理体制尤其是外部管理体制也发生了很大变化，但高等学校行政人员与党政机关干部分类管理的目标尚未实现，高等学校"官本位"反而被强化，近几年又出现了新的动向。学校升格、干部升级，大批博士毕业生争相当干部，有的还公开竞争科长，还有的学校模仿政府机关，安排非实职领导职务（巡视员、调研员、主任科员），使学术殿堂增添了浓厚的行政化色彩。与此相联系，高等学校学术权力与行政权力配置失当，学术权力被淡化或弱化，行政权力替代学术权力，特别是在一般高等学校较为突出。许多专家学者提出回归学术权力，规范行政权力，但由于外部政治体制的影响和内部管理体制的制约，收效甚微。

2. 高等学校办学的趋利化日益明显

高校办学的趋利化集中体现在两个方面：一是随着大众化教育的来临，高校本身不再拘泥于自己是公益性事业单位的固有属性，开始显露出追名逐利的倾向。我国高校执行体制改革是从要求高校直接从社会获取部分办学资源开始的，随着市场机制的广泛运用，导致高校"创收"活动冲击教学科研的情况出现。部分高校花重金、托关系想方设法地提升学校办学层次，甚至不惜制造伪科研、伪就业提高大学排名，在招生名额分配上挤压正常招生名额用于招收高收费学生，热衷于反复搞周年庆典向社会尤其是校友敛财，等等。二是大学教师越来越难以潜心治学，浮躁、趋利倾向同样日益明显。我国高校执行体制改革的另外一个鲜明特征是逐步形成了绩效导向的考核制度，这样的考核制度对于充分调动教职工积极性发挥了十分重要的作用。但大学以高深学问的探究和传播为基础，大学从事的学术活动更多是对未知世界的探索，具有很强的不确定性，这种探索的价值往往不一定能立刻显现出来，其"绩效"不容易体现出来。高校学术人员的工作积极性更多来自对学术活动价值认同与兴趣、好奇，单纯的绩效考核会较多地造成工作的压力，却不一定能带来工作的兴趣与动力。高等学校的教学、科研和社会服务都具有绩效难以显现和评价、绩效评价结论的激励作用有限等方面的特点。因此基于绩效的评价和资源配置机制，激发了竞争，也带来了学术活动急功近利等问题，导致高等学校出现学术浮躁，难以取得真正创新性成果等方面的问题。今天，在大学里专心研究学问、从事教学的人越来越少，稍有成就者要么重于个人追求，要么被组织安排到某一位置上，游刃于官场中。

3. 集权现象在高等学校内部依然存在

高等学校内部纵向层面权力主要集中在学校一级，与横向层面权力集中于政治权力、行政权力是一个问题的两个层面，这一问题实质就是行政内部集权化。高校不像行政机关有明确的任期限制，只要不出大问题，学校乃至部门领导可相对长期固定在一个岗位上，大事小事全是一个人说了算，客观上为滋生腐败提供了温床。同时，高校的权力监督机制相当乏力。那些教育部直属高校，以及在地方的省属高校，主管部门都"鞭长莫及"，而当地教育、财政部门"既管不了它的帽子，又管不了它的票子"。存在于高校内部的"自查自纠"机制，如监察、审计等基本流于形式，很难发挥实质作用。以近年来职务犯罪频发的高校基建、设备、教材采购等为例，盖什么大楼，用什么教材，买什么教学设备，可以不顾教学发展，不问师生意见，少数主管领导、主管人员甚至采购人员就能说了算。这种内部集权化造成的一个严重后果是，近年来，不断有高校领导以身试法，部分高校负债累累，早已成为国家财政的沉重负担。

因此，我们说，正是现行高校执行体制客观存在的行政化、趋利化、集权化等严重问题，决定了改革高校执行体制的必然趋势。

（三）改革的理论依据与现实基础

1. 理论依据

高校执行体制改革，主要是破解行政化、趋利化、集权化等突出问题。为什么一定要下大力气破解高等学校的以上问题，其实还得从高等学校的最本质特征——学术自由说起。

学术自由本质上是思想自由的另一个表现模式。通常意义上讲，学术自由是指学术界进行学术活动的自由，是专业资格的人士在他们胜任的范围内探索、发现、发表及讲授他所见的真理，除了鉴定真理的理性方法的管束之外，不受任何权力约束的自由。对学术自由的理解，在不同的文化背景和情形下，包含不同的意义。一个普遍的定义是大学教职员及研究者以其专业和学识贡献所长，在教学和研究时不受学院内外制度与势力的钳制或干预，借以保障学者可以探索各种领域的知识，及研究成果的中立性与可信性。而大学教师有发表、讨论学术意见而免于被除职或降职恐惧的自由。由于早期的学术研究主要由大学承担，学术自由在19世纪一是指教授的自由，二是指学习的自由。达尔曼认为，对教师，意味着在其职业范围内有权讲授他所认为正确和好的内容，因为科学的真理非法律所裁决的对象；对大学生，意味着根据自己或得自他人的观点选择课程和教师的权利。蒙罗的学术自由是指大学教师有发表、讨论学术意见而免于被除职之恐惧的自由。学术自由是从事学术活动的人的基本精神环境，如同他必备的基本物质工作条件，这是因为大学是一个知识共同体，一个精神家园，学术自由并非学人的什么特权，而是实现其知识创新、光大精神之使命的途径。学术自由的正面意义，常常可从学术不自由的负面作用来加深体会。学术自由作为大学的核心理念，一直是所有一流大学孜孜以求并赖以立足的最为宝贵的根基。作为一项学术活动的伦理原则，学术自由的形成历经数百年，中世纪中后期学术才开始逐步走出宗教的阴影。1670 年斯宾诺莎提出"探讨的自由"，认为人"根据最高的自然法则为其思想的主人"。他的这一主张在启蒙运动中被广泛接受，经洪堡、施莱尔马赫、费希特等人的宣扬和诠释，日渐成为 19 世纪初以后德国大学的核心大学观之一。由于德国在当时引领着大学的潮流，美国有大批学生赴德国求学，并按德国模式建立和改造大学，学术自由思想随之输入美国。在中国，传播学术自由思想的主将当推蔡元培，他于 20 世纪 20 到 30 年代在北京大学实行"循思想自由原则，取兼容并包主义"，后被概括成"兼容并包"原则，至今还为人津津乐道。

今天，高校管理的行政化倾向与高校管理本身特殊的服务性特征是格格不入的。高校管理与政府管理属于不同的管理范畴。政府是国家机关，通过国家权力对整个社会实施有效的管理，带有很强的权力特征和行政化倾向；而高校属于国家事业单位，在高校管理中只能体现事业单位管理的服务性管理特征。"高校管理的三个部分是行政管理、学术管理和思想管理。三者以学术管理为中心，密切相连，相互制约；行政管理起保证作用。"（匡尹俊，2008）[94-96] "学校的产生源于教育行为的集体化和社会化；而教育行政管理职能的出现是为了保障学校功能的发挥和教育目标的实现。故在目标系统中，教育及其相关的教学科研成果就是终极目标，是第一位的；而行政及其相关的管理系统是技术目标，是第二位的，其理应从属并服务于教育目标。"（董云川，2000）[60-64]

2. 现实基础

认识和总结高校执行体制改革的现实基础，首先必须认清高校执行体制改革是我国改革开放事业的一个重要组成部分，应当放到中国社会全面改革开放的大环境中去深入认识。改革的主要动力来自社会改革的推动和高校自身发展的需要，因而包括执行体制在内的高校内部管理体制改革应当结合社会改革进行，充分考虑改革的社会环境条件和基础，背离了社会大环境、滞后或者过度超前的改革是难以取得成功的，这应当是高校内部管理体制改革的一条重要经验。其次，要看到，经济社会发展是高校执行体制改革的主要推动力量。我国高校内部管理体制改革的推动力量可以概括为以下三种：一是经济体制和社会运行机制的改革要求高等学校建立新的运行机制；二是外部对高等教育运行效率的巨大压力要求高校优化自身组织结构模式；三是高校自身发展的内在力量要求改变原来由外部安排的高校内部管理制度。（戚业国，2008）[22-27]改革开放三十年，我国从完全的计划经济逐步过渡到社会主义市场经济体制，高校执行体制改革从下放权力、减少审批，到经费包干、自筹经费办学，政府要求高等学校更多地承担自身发展的责任，要更多地独立获得办学资源并减少对政府的依赖，希望高等学校在推动社会经济发展的同时也从市场获得自身发展所需要的部分资源，要"面向经济建设主战场"。这样的变化推动了高校从人事分配制度到组织结构模式，从教学科研业务到后勤体系的全面调整和改革。社会改革的"样板"对高校执行体制改革也起到重要的示范和引领作用。这应当是我国高校执行体制改革的重要特征之一。

改革开放以后，社会政治、经济、文化教育事业的变化使高校执行力逐渐充满活力。随着对本科与研究生教育、人事分配制度、后勤管理、院（系）调整、管理中心下移等变革的不断探索，教学科研力量的不断增强，高校所掌握的人、财、物的权力也越来越大。高校对自身建设中的一些重大事务有了自主权。此时高校逐渐重视提高决策与执行能力，希望基于自身的决策能力，以高等教育发展的科学性为引导，通过决策与执行的高度关联，促成高校目标的实现。当前，在我国已经实现高等教育大众化的现实背景下，高校执行体制改革的现实基础突出表现为如下四个方面。

一是执行主体存在不同程度的错位。现在高校内部机构设置与运作机制基本上等同于党政机关的行政机构，"官本位"意识浓厚；同时高校部门条块分割，难以做到信息共享；一些领导执行意识淡薄，作风浮躁，尽管布置的任务多，但落实少，有的甚至久拖不决。领导的自身素质尚待提高，一些领导存在知识缺陷和视野局限，成为高校保守势力的代表，一定程度上降低了高校执行力。

二是执行环境有待进一步改善。高校以行政权力代替学术权力的现象比比皆是，大学的个性品质难以张扬、学术研究的价值难以保障。高校学术管理机制不健全，机构形同虚设。即使一些办学历史较长、水平较高的大学，学术权力也仅仅局限在学科评议、职称评审、学位授予、学术荣誉称号推荐等领域，而且只局限于这些领域的部分环节；对高校一些战略规划的出台、标准制定、评价体系、考核指标等只能提提建议，有时甚至连提建议的渠道也不畅通。大多数高校权力集中于校级决策层及其职能部门，院系主体地位弱化，事权和人、财、物权严重失衡，导致基层政策资源的枯竭，调控手段的削弱和积极性的下降，陷于被动执行和应付状态。行政权力过强、学术权力弱化成为提升高校执行力的主要障碍。另外高等教育相关的法律法规还不够完善，一些影响高教发展的因素迫切需要用法律形式加以规范，制度环境的劣势也阻碍了高校执行力的提升。

三是执行行为仍存在一定的缺陷。尽管改革开放后社会各领域的改革发展迅速，但教育改革始终进展缓慢，一些高校的机关部门领导和教师员工在计划经济体制下渐渐养成了"等、靠、要"的作风，对执行政策不敏感。同时高校激励机制不健全，难以使领导和教师员工形成利益共同体，使一些执行主体在决策的执行中常常觉得"事不关己"。执行主体间沟通不畅，领导与教师员工缺乏长效的沟通机制。这些问题使高校执行力存在先天缺陷。

四是执行过程缺乏科学管理。其主要表现在，高校执行决策前常常缺乏细致的战略规划，大多数高校没有建立起标准化管理模式。在执行过程中部门之间没有实质性的领导机构，似乎谁都可以领导，但谁都不能领导，因此不能协调步伐，常常发生以"会议落实会议，用文件落实文件"的现象。在执行后没有机构对执行结果进行公正合理的评价，使得有些决策执行与不执行、如何执行都一个样。

总之，在高校管理中，执行主体没有明晰高校的价值追求和根本利益，缺乏稳定、和谐的执行环境，高校执行力存在先天的缺陷使教育政策难以取得实质成效。这要求高校通过各种改革完善执行体制，进而提升执行力。

（四）改革的原则

与其他的高等学校内部管理体制改革一样，我国高等学校内部执行体制改革也不可能一蹴而就，改革必须遵循一些经实践检验成熟的原则。

1."党委领导重在决策，校长负责重在执行"的原则

在高等学校管理系统中党委处于最高层，负有对学校发展的战略性、全局性、根本性问题做出决策的责任；校长处于执行层，负有接受党委的领导、执行党委的决议、把党委的目标决策化为具体行政措施的责任。从权力分配角度看，这是高等学校决策权与执行权的分离。一方面，党委决策的问题应该是涉及学校发展的重大问题，而不是校长有权处理的日常行政事务。另一方面，校长是学校的法定代表人，校长本人很可能就是党委班子的重要成员，是重要的决策者之一，同时又在党委领导下负责教学科研和其他行政管理工作。要鲜明提出"党委领导重在决策，校长负责重在执行"的理念，将高等学校党委和行政的定位明确化。这是基于中国特色高校领导体制的本质属性做出的制度性考虑。

2."自下而上"与"自上而下"有机结合的原则

我国高等学校的内部管理体制改革总体上是一个自上而下的推动过程，上级（主要是国家教育行政部门）在改革中发挥主导作用，许多改

革是通过行政命令实现的，"统一要求、自上而下、行政推动"是其鲜明的特征。但中国高等学校内部管理体制的"自上而下"中的"上"，其决策又主要来自基层的实践经验，个别地区、个别高等学校内部管理体制的实践经验和做法被总结、提炼和完善，成为推进全面改革的原则和依据。总体上看这是一个"从群众中来到群众中去"的过程，基本避免了盲目改革和"瞎指挥"的情况，这是改革成功的重要经验。多年高等学校内部管理体制改革的实践证明，教育行政部门的强力推动是高等学校内部管理体制改革推进的重要保证，但这样的推进应当坚持尊重学校的现状，决策应当更多地来自于一线学校改革的经验和创造。要特别注意总结群众和一线单位创造的各种经验，充分尊重他们的智慧，只有坚持自上而下与自下而上相结合，才能保证高等学校执行体制的顺利发展。

3. "由外及里"与"由里及外"充分配合的原则

我国高等学校内部管理体制改革首先是由外部社会环境推动的。波澜壮阔的改革开放是高等教育改革的主要推动力量，全社会的转型与变革推动了高等教育为适应外部运行环境而进行内部的全面改革，这样的改革被落实到高等学校的内部管理体制改革中。显然这样的改革在最初具有一定的被动适应特性，但随着高等学校内部管理体制改革的持续推进，其成功做法又推动了整个高等教育体系的深入全面改革，进而影响到整个教育系统和全社会的改革开放。内外结合的改革形成了改革的持续动力，也在改革成功中发挥了重要作用。

4. 在发展中解决存在问题、在解决问题中推动发展的原则

我国高等学校内部管理体制一直在试图解决影响高等学校发展的问题，但实践反复证明，任何改革都不可能解决全部问题，改革总是在解决问题中不断推进。高等学校内部管理体系是一个庞大的系统，涉及方方面面的利益、传统和价值观念。改革要满足所有方面的需要几乎是不可能的，只能在不断改革中协调并平衡各方面的关系和利益，通过改革解决发

展中出现的问题，才是唯一的出路。这也是我国高等学校内部管理体制改革成功的经验之一，值得在执行体制改革中借鉴。与我国改革开放取得成功一样，我国高等学校内部管理体制改革同样可以实行注重成效、循序渐进、试点总结后前进、发现问题及时纠正调整的稳妥的改革策略。几乎每一个比较重大的改革问题都是从实践中提出来的，都是在总结个别高校实践尝试的基础上设计并组织试点，试点取得成功后再不断推开，发现问题及时调整和纠正。这样的策略保持了高等学校内部管理体制改革的稳步推进，极大地推动了我国高等教育的发展，改革、发展、稳定得到了有机的统一和平衡。

5. 坚持实事求是，始终注意处理好改革、发展与稳定的关系的原则

高等学校执行体制改革过程中的实事求是，是指结合国情，尊重地方，调动高等学校积极性。我国高等学校内部管理体制改革始终是我国自己主导的，虽然受到外部影响并不断吸收借鉴国际高等教育发展的经验，但总体上是"以我为主"的，始终把适合国情作为改革的重要指导思想和行动原则。纵观近年来高等学校内部推进的改革，始终立足国情、立足现状，在改革的总体方向上，重视调动地方支持高等学校内部管理体制改革的积极性，重视调动高等学校自身推动内部管理体制改革的积极性，尊重地方和高等学校结合自己的具体情况选择与调整具体的改革策略和时间进度。应当说高等学校内部管理体制改革，尊重地方和高等学校，注重调动地方政府和高等学校积极性，促使他们结合实际情况推动改革，这是我们在长期实践中形成的重要经验，应当为高等学校执行体制改革所吸收借鉴。社会转型过程中高等学校内部管理体制面临的困难与问题比较多，推进改革的进程与节奏就显得特别重要。我国高等学校内部管理体制改革的成功经验是始终注意处理好改革、发展与稳定的关系。实践证明，改革是推动我国高等学校快速健康发展的重要基础，不改革就无法适应社会的发展，但任何改革的目的都是发展，不能为改革而改革。改革中出现的问题如果处理不好很可能会危及发展，进而葬送整个改革；只有及时调整改革节奏，解决这样的问题，才能够将改革持续推进下去。衡量改革成效的主要依据之一就是高等学校的发展，但所有的改革与发展都必须以稳定为条件，这方面高等学校的经验教训尤其值得总结，如果影响了稳定，改革与发展的成果就可能付诸东流。今后一段时期里我国高等学校内部管理体制必将继续推进，这样的改革必须紧紧围绕推动高等学校的发展来展开，必须注意维护高等学校的稳定和社会的稳定，这是我国高等学校内部管理体制在实践中总结的经验和教训，同样也是执行体制改革必须汲取的经验和教训。

（五）改革的构想——以校长为首的内部行政体制：校务委员会制度

2010 年颁布的《国家中长期教育改革和发展规划纲要（2010—2020年)》明确指出要"探索建立符合学校特点的管理制度和配套政策，克服行政化倾向，取消实际存在的行政级别和行政化管理模式"，以及特别强调了"健全议事规则与决策程序，依法落实党委、校长职权"。尤其是我国高等学校要建立现代大学制度，必须建立决策权、执行权和监督权既相互制约又相互协调的权力结构，确立"党委领导、校长管理、教授治学、民主监督"的体制框架，形成结构合理、决策科学、执行顺畅、监督有力、运转高效的内部权力运行机制。这些既定发展目标的实现，行政执行体制的改革都是不可或缺的一部分。从横向管理看，要根据事业单位人事制度改革的要求，开展定员定岗定责工作，明确各部（处）院（系）职责，从学校到每一个部门的任务、目标和要求，从校长到每一名员工、每一个岗位都有明确的职责内容和考核要求。从纵向管理看，要对学校进行分层分类管理，明确各管理层级的职责和权利，把决策目标分解细化到院—系—年级—班，使决策目标指向清楚，执行方案简洁，并清晰地传达给执行者，从而提高执行质量和执行力。同时要建立健全教授会、学术评议会等学术方面的组织机构，充分发挥学术委员会、教学委员会、工会、职代会等组织机构在学校民主决策、教学、科研、职称评审等事务中的作用，保证教师能够参与学校重大决策。（张艳，2011）[13-16]其中，校长管理则是重中之重。校务委员会制度是校长管理的基本形式，这不仅业已被我国高等学校校务委员会的成功经验所证明，也是我国实行党委领导下的校长负责制这一领导体制下行政决策科学化与民主化的必然要求和我国高等教育发展的现实选择。

1. 高等学校校务委员会制度：校长管理的基本形式

校务委员会作为新中国高等学校内部管理体制中一项重要的组织制度，最早可以追溯到新中国成立之初。1950 年 8 月政务院颁发的《高等学校暂行规程》明文规定：大学及专门学院在校（院）长领导下设校（院）务委员会。行使的职权包括：审查各系及各教研组的教学计划、研究计划及工作报告，通过预算、决算，通过各种重要制度及规章，议决有关学生重大奖惩事项，议决全校（院）重大兴革事项等五项。1958 年《中共中央、国务院关于教育工作的指示》指出，"在一切高等学校中，应当实行党委领导下的校务委员会负责制。"1961 年，《中华人民共和国教育部直属高等学校暂行工作条例（草案）》（俗称"高教六十条"）第五十一条也明文规定，"高等学校的领导制度，是党委领导下的以校长为首的校务委员会负责制"，"高等学校设立校务委员会，作为学校行政工作的集体领导组织，学校工作中的重大问题，应该由校长提交校务委员会讨论，做出决定，由校长负责组织执行"（刘英杰，1993）[1095]，并对校务委员会的组成人员等内容作了较详细的说明。由此看来，当时的校务委员会实际上是一种领导体制，行使的是决策权，且权力较大。1966 年到1985 年之间，校务委员会在我国高等学校中消失了。为了从根本上改变我国教育事业的落后和教育体制的弊端，提高现代学校管理的效能，1985

年中共中央颁布了《中共中央关于教育体制改革的决定》，规定了"学校逐步实行校长负责制，有条件的学校要设立由校长主持的、人数不多的、有威信的校务委员会，作为审议机构"。至此，校务委员会又重新登上了中国高等教育的历史舞台，但组织性质由最初的高等学校领导体制转变为了指导咨询机构，职能与作用也发生了巨大的变化。1998 年的《中华人民共和国高等教育法》也规定，在党委领导下的校长负责制之下，"校长主持校长办公会议或者校务会议"，处理校长职权有关事项。2000 年以来，许多重点大学又都设立了定位为起指导咨询作用的校务委员会。因此，从我国高等学校管理实践来看，尽管高等学校内部管理体制不断在变，而校务委员会作为一项重要的管理机构基本没变，区别在于对其定位与功能的确定。进一步讲，虽然定位与功能在变，但校务委员会作为校长管理的一种基本方式未变，只是参与管理的程度不同而已。

1996 年《中国共产党普通高等学校基层组织工作条例》和 1998 年《中华人民共和国高等教育法》都明确规定了"国家举办的高等学校实行中国共产党高等学校基层委员会领导下的校长负责制"这一具有中国特色的现代大学的领导体制。经过十多年的实践，党委领导下的校长负责制已被历史的发展所证明完全符合我国国情和高等学校实际的领导体制，必须坚持与进一步完善。它强调了党委领导和校长负责，就行政权力而言，实行的是行政首长负责制，即校长负责制。校长负责制是与现代大学制度相适应的高等学校内部行政管理体制，意味着大学校长是高等学校最高的行政负责人，对学校行政工作具有决策的权力，但行政首长负责制并不是校长一个人说了算，校长管理更不可能仅仅是校长个人的管理。这是因为经济全球化、教育国际化、高校巨型化、高等教育大众化和大学办学自主权扩大化正在不同程度上日益深刻地影响着我国大学的生存与发展，需要大学校长扮演的角色越来越多，对其能力要求也越来越高。克拉克·克尔认为，"人们期望大学校长成为学生的朋友，教职员工的同事，校友的可靠伙伴，站在校友们一边的明智稳健的管理者，能干的公众演说家，同基金会和邻邦机构打交道的精明的谈判人，同州议会交往的政治家，工业、劳动及农业界的朋友，同捐款人进行交涉富有辩才的外交家，教育的优胜者，各专门行业的支持者，新闻发言人，地道的学者，州和国家的仆人……"（克尔，1993）[19] 从克尔的论述中，可以看出，大学校长角色呈现多样化、复杂性、冲突性、差异性、整合性的基本特征，大学领导者成为公众和教职员工心目中的"全能人才"。然而需要注意的是，大学校长也是人，而不是神，所以让大学校长扮演好这么多的角色，显然是不可能的，更是不现实的。就连克尔自己都承认，"没有任何人能够干所有这些事情"（克尔，1993）[19]。换句话说，面对日益复杂多变的国际国内环境，大学校长个人能力基本上不可能达到现代大学对其能力要求的高度。因此，校长管理不可能是大学校长独自一人的管理。为此，从决策的角度看，需要变个人决策为集体决策，即行政决策拟采取委员会制或会议制。因为集体决策可以较好地弥补个人能力的不足，使决策中所考虑到的问题能够更加全面。这也是行政管理科学化与民主化的基本要求。

党的十七大明确提出，要确保权力正确行使，建立健全决策权、执行权、监督权既相互制约又相互协调的权力结构和运行机制。这是对权力结构和运行机制认识的进一步深化，也是改革我国高等学校内部权力结构与运行机制的指导思想和总原则。实际上，高等学校行政权力决策有三种形式：一是校务委员会制，以校长为首组成校务委员会决策，行使行政权力；二是校长办公会制，以校长为首组成校长办公会议决策，行使行政权力；三是董事会制，重大问题由董事会决策，校长行使行政权力，实施董事会决议（毕宪顺，2005）[252-265]。这是高等学校行政系统内部三种最高的、行之有效决策机构，不难发现，它们都属于委员会制。然而，在社会转型期，我国目前尚不具备实行董事会这种形式的条件，而校长办公会制本身又存在代表性不足的局限性，校务委员会制可以说是当前我国高等学校必然会选择的最好的行政集体决策模式。这是因为，校务委员会是一种既定的并在一定范围内得到认可的行政组织制度，尤其是在决策方面，委员会决策与校长个人决策并不矛盾，也不是对校长决策的简单否定，而且能够很好地弥补校长个人决策能力的不足。

因此，无论是从历史发展的角度，还是从当前的现实条件和行政管理科学化与民主化的角度来分析，有一点是可以肯定的，即高等学校校务委员会制度是校长管理的基本形式，应当成为行政决策的基本制度。

2. 校务委员会的组织性质与功能

高等学校是一个复杂的组织系统，外部受政府的力量、市场的力量、社会的力量的影响和制约，自身又存在政治权力、行政权力和学术权力的运行和相互作用，是一个多元权力结构组织（毕宪顺，2005）[32-38]。政治权力、行政权力和学术权力是我国公立高等学校内部三种主要的权力形式。政治权力集中于党委，行政权力属于以校长为首的行政系统，学术权力体现在学者身上。高等学校要建立结构合理、配置科学、程序严密、制约有效的权力运行机制，必须遵从"党委领导、校长管理、教授治学、民主监督"这一中国特色现代大学制度的体制框架。党委领导下的校长负责制是高等学校内部领导体制，校务委员会制度是校长管理的基本形式，两者之间并不矛盾，也不冲突。由此可见，校务委员会属于行政执行体制的一部分，是我国高等学校内部一项重要的行政组织制度，是我国高等学校内部行政决策机构，对学校改革和发展中的重要事项进行决策。这是校务委员会的组织性质和基本规定性，从而决定了校务委员会在人员构成上应该是由党政领导、职能部门负责人、一定数量且有代表性的专家教授等组成，参与主体为行政干部。

作为校长管理的基本方式和行政决策的基本制度，校务委员会主要功能的合理定位应当在于决策，这是由它的组织性质所决定的。然而令人遗憾的是，目前我国绝大多数高等学校都将校务委员会的功能定位在指导咨询与审议上，并没有从制度上赋予校务委员会应有的决策功能。如《清华大学管理体制条例》中规定：校务委员会是学校的咨询审议机构。校务委员会根据党和国家的方针、政策，本着民主协商的精神审议校长提出的关系学校全局的决策，如办学方针、事业发展规划、年度工作计划、经费预算与决算报告、重大改革方案等。中国海洋大学党委书记、校务委员会主席冯瑞龙则认为，校务委员会是学校行政咨询机构，它以马列主义、毛泽东思想、邓小平理论和"三个代表"重要思想为指导，围绕学校改革与发展的重大事项和重要决策开展咨询工作，推进学校事业全面、协调和可持续发展。"功能与作用从不同的角度来表述同一个过程，就事物本身而言，是指它具有什么能力；就事物与他事物的关系而言，是指它具有什么作用。作用正是功能在事物相互影响中的表现，一事物的功能总是在与环境的作用过程中表现出来的。"（李秀林，等，1995）[230-231]这意味着随着国内外环境的变化，校务委员会的功能定位也应有所变化，需要从咨询与审议层面上升到决策层面。

校务委员会是大学校长行政权力的主要决策形式，因而它的职权范围应该也必然要包含大学校长的职责权限。根据《高等教育法》规定和我国高校实际，校长的职权如下：讨论决定教学、科研和行政管理工作中的有关事项；拟订学校发展规划，制定具体规章制度和年度工作计划并组织实施；根据社会需求，依照国家有关规定，制定学科建设、师资队伍建设方案，组织教学活动和科学研究，开展对外交流与合作办学，实施素质教育；拟订内部行政组织机构设置方案，按有关规定推荐提名副校长及内部行政组织机构负责人人选；依法聘任与解聘教师以及内部其他工作人员，依法对学生进行学籍管理并实施奖励或者处分；主管学校财务工作，拟订和执行年度经费预算方案，保护和管理学校资产，维护学校的合法权益；定期向上级和教职工代表大会报告工作，实行校务公开；代表学校与各级政府、社会各界和境外机构签署有关合作协议，接受各种捐赠，等等（毕宪顺，2006）[108-112]。尽管这些职权属于校长，但仔细分析，不难看出，这些职权根据具体内容可以分成三类：一类是需要向党委会议汇报（如发展规划、重要的规章制度和年度工作计划；内部组织机构设置方案、年度经费预算等），副校长人选和任命内部组织机构的负责人则要按党委的决定履行任免手续；一类是需先经学术委员会咨询、审议（如科学研究、聘任与解聘教师等），再行决策；一类是由行政决策（毕宪顺，2005）[252-265]。也就是说，校长的职权范围涉及三种事务：与党委有密切关系的重大事务、行政事务和学术事务。它们分别对应政治权力、行政权力和学术权力。这也是校务委员会的职权范围所在。由此可见，校务委员会的作用范围应当是对以校长职权为中心的高等学校的重大事项做出决策。

3. 校务委员会决策和活动方式

校务委员会制度是在坚持党委领导下的校长负责制的前提下，进一步完善我国高等学校内部行政执行体制，建立起的更加科学合理的行政决策机制，以合理配置政治权力、行政权力与学术权力。虽然以内部行政管理体制的决策机构形式出现的校务委员会在重大问题上需要采用集体决策，但需要注意的是，虽然校长负责制不是校长一个人说了算，但在党委领导下的校长负责制的领导体制下，校长是高等学校行政的最高负责人，是学校的法定代表人，对外代表学校，对内全面领导和负责学校的教育、教学、科研和行政管理工作。因此，校长对学校行政工作有决策权。从这个意义上讲，校务委员会制度虽然实行的是集体决策，即也推行"集体领导、民主集中、个别酝酿、会议决定"的决策原则，但应有所区别，决策过程中需要充分考虑校长的个人意见，尤其是对于仅属于行政决策的事务，校长个人应该有决策权，当然，校长在决策过程中也应尊重校务委员的意见，当校务委员会的多数成员与校长的意见不一致时，除紧急情况外，校长一般应暂缓决定或报告上级主管机关。这是实现权责相符的必然要求。而对于与党委有关的重大行政事务和与学术有关的事务，前者校务委员会应尊重党委的意见，体现党委对高等学校重大行政事务的领导，这也是进一步完善党委领导下的校长负责制的领导体制，调适政治权力与行政权力的体现。校务委员会在后者决策过程中应主要发挥学者的作用，这是善用"智囊",推进科学决策和协调行政权力与学术权力,加强学术权力的客观需要。对于大学学术事务来说,谁掌握了高深知识,谁就更具有发言权,谁掌握的高深知识越多,谁的发言权就越大。因此,校务委员会制度的决策形式应该采取的是在区分不同性质的决策对象的基础上按少数服从多数的原则的集体决策。这是一种集体领导与个人意愿两者有机结合,发挥各方优势,实现行政决策效能最优的决策形式。

任何决策都是决策主体为实现一定目标,制订若干行动方案并加以优化抉择的行为过程。这种行为过程在某种程度上更是决策方利益博弈的过程。高等学校同样存在着不同的利益团体。从这个角度上说,高等学校的决策也不例外,它背后同样隐藏着复杂的利益关系。因此,高等学校的行政执行体制——校务委员会在行政决策过程中需要建立广泛的决策参与机制。通过合理的设计,有效地将各权力主体整合到校务委员会之中,从源头上使各权力主体的意志得以表达,协调好各权力主体的关系,推动高等学校行政决策的科学化与民主化。其中最重要的一点,就是要使代表政治、行政和学术三种权力的主体都在校务委员会中有所体现,从而实现政治权力、行政权力和学术权力三者之间的相互制约与协调。在决策过程中,决策人员在政治、行政与学术三方面合理分配,实现三者的有机结合,既体现党委的领导,又强调行政的效率,还遵循知识和学术发展的内在逻辑,通过民主协调、集体决策,借助行政权力高效率地执行党委意见和实现学术目标,借助学术权力提升行政权力决策的科学性,借助政治权力监督行政权力执行的合理性。因此,校务委员会在人员构成上应该包括党政领导、职能部门负责人、一定数量的有代表性的专家教授等;人数规模要适当与稳定;人员产生办法要有章可循,避免随意性;更要彻底改变行政官员占绝大部分江山、资深学者的难以寻觅或数量极少的弊端。为了实现政治权力、行政权力与学术权力三者之间的有机平衡,校务委员会在人员构成上须体现以下几条原则:一是党委对学校的统一领导体现在校务委员会中,党委书记担任校务委员会主任(主席),决策形成后由校长为首的行政系统贯彻执行，有利于调适政治权力与行政权力，这是我国高等学校的普遍经验；二是虽然校务委员会的参与主体为行政干部，但有办学经验或有较高学术造诣的教授、专家应有相当的比例，有利于实现行政权力与学术权力之间的协调，彰显学术权力；三是校务委员会设若干副主任（副主席），由党委委员担任；四是兼任党委书记的大学校长最好担任校务委员会第一副主任（副主席），因为他集政治权力、行政权力和学术权力于一身，可以协调三种权力之间的关系；五是为了有效决策，校务委员会的委员人数应遵循审议制机构应由奇数构成的原则；六是为了加强高校与社会的联系，校务委员会可以聘请少量校外有关人士参加。此外，人员应有一定的任期，每隔三年重新选聘。这主要是从与当前我国许多高校实行的人员聘任制任期相一致的角度考虑的。

校务委员会作为行政组织制度，是以集体组织的形式进行活动的，从而突显了决策过程中活动方式与议事规则的必要性与重要性。也就是说，为了实现校务委员会的决策目标并确保其决策的科学化与民主化以及决策活动的有序、高效，必须有规范的活动方式和议事规则，并以制度的形式固定下来，这也是校务委员会完善与成熟的主要标志之一。可能是由于校务委员会在我国高等学校治理结构中的地位不受重视，当前我国高等学校校务委员会在这两方面还是做得不够好，主要表现为：活动方式太随意，议事规则有漏洞。这必然会增加校务委员会运作的难度和决策的不科学性。因此，必须改变这一现状，使校务委员会活动方式与议事规则从无序状态走向规范化和制度化。有效的活动方式和完善的议事规则实质上强调的是一种良好的制度设计。正式组织的鲜明特点之一是它的规章制度，其对于组织决策具有重要作用。第一，组织规章制度决定了注意力的分配，从而影响了决策的频率；第二，规章制度决定了什么人参与决策的过程，从而影响了决策中利益分配的结构和基础；第三，规章制度决定了信息收集、加工和解释的组织结构，从而影响了决策过程的走向（周雪光，2003）[293]。可见，规章制度在校务委员会的活动方式与议事规则中具有不可替代的作用。在软、硬制度的共同约束下，校务委员会的运作及决策才能实现公平、公正、高效的目标，才能真正做到权力的分立与权力之间的相互制约。

有效的活动方式与完善的议事规则是高等学校校务委员会运作规范有序、决策科学民主、建议合理可行的前提条件和有力保证。但它们的有效性和完善程度总是相对的，是一个动态的发展过程。随着校务委员会制度的不断发展和完善，其活动方式和议事规则也应与时俱进，从规范走向更加规范。

4. 校务委员会制度与党委领导下的校长负责制

校务委员会制度与党委领导下的校长负责制并不矛盾，没有冲突。校务委员会制度的变革是在坚持党委领导下的校长负责制的前提下，建立和完善我国高等学校内部行政执行体制，以合理配置政治权力、行政权力与学术权力，建立科学的行政决策机制与运行机制。在党委领导下的校长负责制的领导体制下，高等学校内部行政体制是校长负责制。校长负责制在高等学校内部管理体制中发挥着重要作用，它是集体领导与校长负责相结合成功的关键，校长既对内部行政管理体制的决策机构——校务委员会负责，又要对内部领导体制的决策机构——党委负责，并将党委会、校务委员会的决策通过行政权力贯彻执行。随着我国建设现代大学制度进程的加快，校务委员会应该也必然会在新一轮的高等学校内部管理体制改革的历史潮流中扮演越来越重要的角色。

综上所述，虽然校务委员会制度变革的过程中可能会有阻力，进程也可能缓慢，但校务委员会作为校长决策的主要形式，不仅符合世界各国大学决策采用委员会制的通行做法，因为"委员会是一种由数人组成的、承担特定公共职能的机构，委员会将责任从一个人身上分散到一些人身上，其职能通常要受规章限制"（米勒，等，2002）[147]。也符合行政决策科学与民主化的基本要求，可以进一步推进我国高等学校"民主治校、依法治校"和"去行政化"的进程。因此，我们有充分的理由相信，在不久的将来，校务委员会必然会成为我国高等学校内部治理结构中的一个重要组成部分，承担起作为校长行政管理基本形式的使命与责任。

四、高等学校内部监督体制研究

失去监督和制约的权力最终会走向腐败，政府权力运行如此，高等学校的权力运行同样如此。因此，高等学校的权力运行，除了决策体制和执行体制外，还包含监督体制。监督体制是高等学校权力运行系统中不可或缺的重要组成部分。随着高等学校办学自主权的逐步落实和扩大，以及高等学校内部管理体制改革的深入发展，我国高等学校内部监督体制在高等学校发展中的地位和作用将越来越重要，急需不断发展和完善。

（一）高等学校内部监督体制概述

1. 高等学校内部监督体制的含义

从词义上分析，"监督体制"由"监督"和"体制"两个词构成。所谓"监督"，在汉语中是指从旁监察、督促，以防止出错并纠正错误。在英文里，"监督"一词"supervision"由"super"和"vision"两部分组成，"super"意为"在上、位居上方"，"vision"意为"看、观察"，两者合起来就是在上方察看的意思。这与汉语中监督一词的意思基本相同。监督起源于社会生产和分配中的记事和契约活动。而现代意义的监督，主要是指人们为了达到政治、经济、军事、司法等方面的某种目的或目标，仰仗一定的权力，通过对社会公共治理中若干事务的内部分工约束或外部民主性参与控制等途径，针对公共权力的资源、主体权责、运作效能等而相对独立地开展的检查、审核、评议、督促活动。（尤光付，2003）[1]

就字义而言，体制之"体"是指诸如文字、文章的表现形式或者结构形式；体制之"制"则有约束、限定之义。文字、文章的一定表现形式和结构形式通常以"体裁"、"体例"来表示。社会学、政治经济学和法学等社会科学所研究的体制，是指社会的经济、政治和法律等组织体系的组成方式和运作方式，是社会制度的核心内容。（尹吉，倪培兴，2008）[10]在《辞海》中，"体制"一词被解释为"国家机关、企业事业单位在机构设置、领导隶属关系和管理权限划分等方面的体系、制度、方法、形式等的总称"（辞海编辑委员会，1990）[257]。

据此，我们认为，高等学校内部监督体制是指为了确保高等学校内部权力合法有效地运行，通过对高等学校治理中若干事务的内部约束，针对高等学校内部权力的资源、主体权责、运作效能等，而相对独立地开展的检查、审核、评议、督促活动在机构设置、领导隶属关系、管理权限划分及其运行机制等要素的体系、制度、方法、形式等方面的总称。简单地说，就是高等学校内部监督的体系和制度。

2. 高等学校内部监督体制的地位与作用

高等学校内部监督体制是我国高等学校权力运行系统中不可或缺的重要组成部分，在我国高等学校的权力运行系统中具有不可替代的地位和作用。

（1）高等学校内部监督体制是坚持社会主义办学方向的客观要求

我国高等学校改革与发展必须坚持社会主义办学方向，而要使高等学校的各项工作沿着社会主义教育事业的轨道正常运行，就必然要求建立健全高等学校内部监督体制以防止各种可能偏离轨道的决策及其执行。随着高等教育改革的深入，高等学校将会有越来越大的办学自主权。自主权越大，就越需要监督，以遏制各种权力的乱用和滥用，从而确保高等学校沿着社会主义的办学方向培养人才，发展科学，服务社会。

（2）高等学校内部监督体制是建立现代大学制度的重要基础

建立与社会主义市场经济体制相适应的现代大学制度，是我国高等学校内部管理体制改革的目标。现代大学制度的核心是在政府的宏观调控下，大学面向社会，依法自主办学，实行民主管理。（袁贵仁，2000）[21-23]。没有健全的高等学校内部监督体制，高等学校依法自主办学，实行民主管理，就会成为空话。只有不断发展和完善高等学校内部监督体制，才能逐步形成高等学校自我发展、自我约束的机制，高等学校的办学自主权才能真正有效地落实。没有健全的高等学校内部监督体制确保高等学校内部权力合法高效地运行，就难以真正建立起现代大学制度。

（3）高等学校内部监督体制是有效防止权力腐败的重要保障

随着我国高等教育体制改革的不断深入和高等学校独立法人地位的确立，高等学校在招生录取、经费使用、学科发展、机构设置、建设项目安排、设备物资采购、干部聘任和收入分配等方面拥有的自主权越来越多。但与此相对的是，对这些权力进行制约的措施却没有及时有效地跟进，从而极有可能使高等学校内部权力成为各种利益群体寻租的工具，使高等学校成为滋生腐败的温床。建立健全高等学校内部监督体制，加强监督、制衡权力，是有效防止高等学校权力腐败滋生的重要保障。

（4）高等学校内部监督体制是提升高等学校内部权力运行效能的有

力支撑

高等学校内部权力运行的效能取决于决策的科学化水平和执行的有效性程度。在高等学校内部建立和健全监督体制，使学校各项政策与活动的决策和执行过程接受监督，这样，既有利于决策的科学性和民主性，防止或减少决策失误，又有利于将决策转化为高等学校内部各机构与成员的意志和自觉行动，调动各方面的积极性和主动性，促进高等学校内部决策的顺利执行，提升高等学校执行力。

（二）高等学校内部监督体制的现状分析

1. 高等学校内部监督体制的基本构成

我国高等学校内部监督体制主要由四部分构成：党内监督、行政监督、学术监督和民主监督。这四个构成部分从不同的角度、不同的方面对高等学校内部权力运行进行监督。

（1）党内监督

党内监督是党和党的纪律检察机关，对党的各级组织和广大党员遵守党纪、党规和国家法律、法规情况的监察和督促。（张跃彬，2007）[104-106]纪律检查委员会是党内以监督为基本职责并掌握一定监督权力的专门组织机构。根据《中国共产党章程》规定，"党的基层委员会是设立纪律检查委员会，还是设立纪律检查委员，由它的上一级党组织根据具体情况决定"。目前，我国高等学校设立纪律检查委员会，院（系）总支委员会设立纪律检查委员。第四十四条规定"党的各级纪律检查委员会的主要任务是：维护党的章程和其他党内法律，协助党的委员会加强党风建设，检查党的路线、方针、政策和决议的执行情况"，"各级纪律检查委员会要经常对党员进行遵守纪律的教育，做出关于维护党纪的决定，检查和处理党的组织和党员违反党的章程和其他党内法律的比较重要或复杂的案件，

决定和取消对这些案件中的党员的处分，受理党员的控告和申诉"。（毕宪顺，2006）[129-130]

除了纪律检查委员会监督，高等学校内部党内监督还包括：其一，党员代表大会（或党员大会）的监督，即由学校党员代表大会或全体党员大会选举产生党的委员会，听取审议学校党委的工作报告，把党委及其每个成员的活动置于党员代表大会或党员大会的监督之下。其二，党的委员会的监督，目前我国高等学校的领导体制是党委领导下的校长负责制，党的委员会是党员代表大会或党员大会闭幕期间的领导核心，对学校工作实行全面领导，它一方面要接受全体党员的监督，另一方面对下级党组织和党员以及学校行政工作也负监督之责。其三，党支部和党员的监督，学校基层支部处于教学、科研、管理第一线，通过组织全体党员对党的各级组织和党员进行经常性的监督，并对同级行政有保证、监督之职责；党委的工作部门如组织部、宣传部、办公室等要通过自己所主管的那部分工作对各级党组织及党员实施监督。（王甲祥，1996）[80-83]

随着改革开放的深入和党的建设的需要，干部监督成为党内监督的重要组成部分而愈显突出。2010 年 3 月，中共中央办公厅印发了《党政领导干部选拔任用工作责任追究办法（试行）》。与之相配套，中央组织部同时印发了《党政领导干部选拔任用工作有关事项报告办法（试行）》、《地方党委常委会向全委会报告干部选拔任用工作并接受民主评议办法（试行）》、《市县党委书记履行干部选拔任用工作职责离任检查办法（试行）》。健全党政领导干部选拔任用责任追究制度，是进一步匡正选人用人风气、提高选人用人公信度的重要举措，对于强化监督检查，完善举报措施，严格责任追究，发挥制度应有的作用具有重要意义。中央组织部印发的三个配套衔接文件，共同构成事前要报告、事后要评议、离任要检查、违规失责要追究的干部选拔任用监督体系。以上党内法规简称"四项监督制度"，适用于高等学校，是高等学校党内监督体系的重要方面。

（2）行政监督

高等学校内部行政监督包括高等学校内部监察机构的监督、审计机构的监督和行政职能机构的监督。高等学校行政系统设立监察处，履行行政监督职能。高等学校监察处是随着我国政治体制改革和高等教育发展的实际而逐步设立的。在20世纪80年代和90年代初，高等学校的行政监察职能还不健全，多由人事处、办公室代行，也有的高等学校由纪委代行。即使现在，也有少部分规模较小的学校尚未设立监察处，而由纪委或人事处代行职能。设置监察处的，主要有以下几种方式：规模较大的高等学校，独立设置监察处，行使行政监督职能，这种形式最为规范；多数高等学校仿照地方党政机关，设立监察处，与纪委合署办公，一套人马，两个机构，两块牌子，这种形式便于党政协调，提高效率；少数高等学校设立监察审计处，然后与纪委合署办公，一套人马，两个机构，两块牌子。这种形式不被审计部门认可，并不可取。（毕宪顺，2006）[130]

高等学校行政系统还设立审计处，履行经济审计监督职能。其任务：一是对高等学校的财务和重大经济活动进行经济审计，这是审计处的重要任务，对于保障高等学校的经济运行、提高办学效益至关重要；二是对部分掌握钱、物的干部进行离任审计，随着党内监督体系的完善，离任审计范围不断扩展，不仅行政干部离任要审计，党务干部离任也要审计；三是对基本建设项目决算进行审计。审计处在高等学校经济活动中担负着重要任务，近几年来，审计处的职能不断加强，作用逐步得以发挥，审计活动的范围也不断扩大。但相当一部分高等学校还未设置独立的审计机构，有的与监察处合署办公，有的与纪委合署办公，有的作为财务处的内设机构，这都不利于发挥审计监督职能。（毕宪顺，2006）[130]

此外，高等学校的行政职能机构根据其担负的行政职责履行监督职能。如人事部门对校内干部的考核评估，校级财务部门对下属基层单位的财务监督职能等。

（3）学术监督

学术监督是指高等学校内部学术管理依靠专家自治的学术组织监督，如教授委员会、学术委员会监督等。学术性是大学的本质特性，学校管理依靠专家，学术管理更依靠专家。随着大学去行政化的进程，与学术自治相适应的学术监督组织应运而生，高等学校成立了学风与道德建设组织。有的独立于行政和学术组织，有的在学术组织内部，成立了监督组织，专门开展学术道德建设，进行学风监督。

现代大学从社会的边沿走向社会的中心，在市场化改革的大潮中高等学校更引起了社会的广泛关注，项目立项与奖励评定、专业技术职务评审、成果鉴定中的"跑关系"，论文论著抄袭等学术腐败现象愈演愈烈，也给高等学校管理和监督带来了新的命题。学术监督还是要依靠学术组织，由专家自己解决，学术自治首先应用于学术监督，学术问题用学术的手段处理。

（4）民主监督

高等学校实施民主监督的组织形式多种多样，如校务委员会、各专门委员会，民主党派、共青团、学生团体等群团组织，以及信息发布会、座谈会、征求意见会，等等。这些组织形式实施的监督都贯穿着民主因素，是高等学校内部民主监督的有效形式。高等学校民主监督最基本和最主要的组织形式则是教职工代表大会。根据教育部印发的《学校教职工代表大会规定》第二章的规定，高等学校教职工代表大会具有以下职权：（一）听取学校章程草案的制定和修订情况报告，提出修改意见和建议；（二）听取学校发展规划、教职工队伍建设、教育教学改革、校园建设以及重大问题解决方案的报告，提出意见和建议；（三）听取学校年度工作、财务工作、工会工作报告以及其他专项报告，提出意见和建议；（四）讨论通过学校提出的与教职工利益直接相关的福利、校内分配实施方案以及相应的教职工聘任、考核、奖惩办法；（五）审议学校上一届（次）教职工代表大会提案的办理情况报告；（六）按照有关规定和安排评议学校领导干部；（七）通过多种方式对学校工作提出意见和建议，监督学校章程、规章制度和决策的落实，提出整改意见和建议；（八）讨论法律法规规章规定的以及学校与工会商定的其他事项。

当前，我国高等学校教职工代表大会制度的法律地位已得到《中共中央关于教育体制改革的决定》、《中国共产党普通高等学校基层组织工作条例》、《教育法》、《中华人民共和国教师法》（以下简称《教师法》）、《高等教育法》、《学校教职工代表大会规定》等有关法律、法规和政策的确认。具体而言，高等学校教职工代表大会制度的法律依据有四个层次。一是宪法依据，《中华人民共和国宪法》第四十一条规定"中华人民共和国公民对于任何国家机关和国家工作人员，有提出批评和建议的权利；对于任何国家机关和国家工作人员的违法失职行为，有向有关国家机关提出申诉、控告或者检举的权利"，第十六条规定"国有企业依照法律规定，通过职工代表大会和其他形式，实行民主管理"。二是教育法依据，《教育法》第三十条规定"学校及其他教育机构应当按照国家有关规定，通过以教师为主体的教职工代表大会等组织形式，保障教职工参与民主管理和监督"。《高等教育法》第四十三条也规定"高等学校通过以教师为主体的教职工代表大会等组织形式，依法保障教职工参与民主管理和监督，维护教职工合法权益"。《教师法》中也有类似条款。三是行政法规，1985 年教育部和中国教育工会全国委员会联合颁布的《高等学校教职工代表大会暂行条例》具有行政法规的性质。2011 年 12 月教育部印发了《学校教职工代表大会规定》，对 1985 年的《高等学校教职工代表大会暂行条例》进行了修改，对高校教职工代表大会的性质、职权、教职工代表大会代表、组织规则、工作机构等内容作了详尽的规定，是指导和规范全国高校实施教代会制度的主要依据。四是学校规章，主要是指各高校根据《高等教育法》和《学校教职工代表大会规定》的规定，结合本校实际制定的教职工代表大会制度的实施细则等。

自 20 世纪 70 年代末、80 年代初我国各高等学校开始实行教职工代表大会制度以来，教职工代表大会制度在我国高等学校已经有三十多年的发展历史。多年的实践表明，以教师为主体的教职工代表大会，不仅具有广泛的群众性和代表性，而且还具有法定的权威性和规范性，同时有着一套比较完备的组织体系和工作制度。

2. 高等学校内部监督体制的特征

随着我国高等教育的发展和高等学校内部管理体制改革的推进，我国高等学校内部监督体制通过不断改革和完善，已初步形成了具有中国特色的高等学校内部监督体制。

（1）监督主体趋于多元

目前我国高等学校内部监督体制的监督主体包括纪律检查委员会等党组织机构、监察处和审计处等行政机构、学术委员会和教授委员会等学术机构、教职工代表大会、民主党派、共青团、学生团体等群团组织，等等。

（2）监督范围逐步扩大

监督主体的多元拓宽了高等学校内部监督的监督渠道和监督范围，逐步将各种监督客体都置于一定程度的监督之下，从监督客体活动的领域看，高等学校内部的政治权力、行政权力和学术权力的行使都受到了一定程度的监督，逐步实现监督的全覆盖。

（3）监督具有一定的统一性

尽管高等学校内部监督体制的监督主体多元、监督渠道和方式多样、监督范围广泛，但高等学校内部监督具有统一性，即都坚持党委领导。高等学校党委作为高等学校内部监督的领导核心，统一组织各种监督力量，在一定程度上能够促进各种监督系统相互协调，有利于提高高等学校内部监督的效能。高等学校纪委、监察处协调监督体系的各个方面。

总之，我国高等学校内部监督体制对确保高等学校内部政治权力、行政权力和学术权力的合法、有效行使发挥了积极的作用。因此，必须继续坚持发展和完善高等学校内部监督体制，以进一步确保高等学校内部权力的规范行使。

3. 高等学校内部监督体制存在的主要问题

目前，我国高等学校内部监督体制还很不完善，存在一些较为突出的问题，导致监督乏力，监督有效性不高。随着我国社会主义市场经济的发展和高等学校办学自主权的逐步扩大，高等学校内部监督体制的"供给不足"问题将显得更为突出。

（1）监督主体缺乏独立性和权威性

高等学校内部监督体制对高等学校内部决策及其执行的监督和制约效果，很大程度上取决于监督主体所拥有的地位和权力。这是因为，任何权力制约体制和机制的有效运行都毫无例外地取决于其地位的相对独立和足够的权力。因此，监督主体的相对独立性和权威性是确保高等学校内部监督体制有效性的关键。从目前我国高等学校内部监督主体的实际情况来看，各监督主体大都缺乏必要的相对独立性和权威性。比如，纪律检查委员会是我国高等学校内部党内监督的主要机构，但在现行的监督体制内，纪委是同级党委的被领导者，同时又是同级党委的监督者。这种"同体监督"必然难以达到权力制约的目的。又如，我国高等学校内部的监察机构和审计机构等行政监督机构，受同级行政机构和上级业务部门的双重领导，其负责人由党政机关实质性地任命，这种附属型的隶属关系，使监督主体在人事、财政等方面受制于监督客体，严重削弱了行政监督的权威性。再如，作为高等学校内部民主监督最主要的组织形式，教代会性质模糊，仅仅作为高等学校民主管理和监督的"重要形式"或"基本形式"而存在，缺乏权威性，因此，虽定位于"重要形式"或"基本形式"却只能是流于形式，难以实现有效监督。

（2）监督体系不完善

从我国现行的高等学校内部监督体系来看，监督的主体和形式很多，但基本是各自为政的局面，没有形成相互联系、相互借助、相互补充、相互促进、共同监督和制约权力运行的局面。各种监督主体和形式难以发挥整体合力，基本上处于分散化运行的状态。这种分散化的运行一方面使其势单力薄，监督能力有限，很难发挥监督体系所蕴含的最大效力；另一方面，会造成监督机构重叠、监督成本上升和监督资源浪费，也可能会因为各种监督主体的监督角度和途径的不同形成对同一监督客体的看法和处理上的差异，造成监督失效，而且还有可能造成各监督主体分工含糊不清，职责交叉重复，致使有些问题和有些领域多方插手、互争监督，有的则无人过问、互相推诿。

（3）监督制度、法规不健全

监督的制度化、法治化是确保高等学校内部监督有效性的重要基础。目前我国高等学校内部监督制度还很不健全。比如，目前我国高等学校教职工代表大会制度还很不完善。首先，教职工代表大会的性质模糊。《高等学校教职工代表大会暂行条例》所规定的教代会性质为"教职工群众行使民主权利，民主管理学校的重要形式"，这种规定非常模糊。《学校教职工代表大会规定》第三条修改为"学校教职工代表大会是教职工依法参与学校民主管理的基本形式"，还是有可商榷之处。

其次，教代会的这种性质界定与其职权存在矛盾。就性质而言，教代会是教职工依法参与学校民主管理的基本形式，而职权则有"讨论通过学校提出的与教职工利益直接相关的福利、校内分配实施方案以及相应的教职工聘任、考核、奖惩办法"，"按照有关规定和安排评议学校领导干部"，八条职权多是"提出意见和建议"，与"基本形式"的性质相吻合，而"讨论通过"则意味着教代会有决策权，未经教代会讨论通过就是违规，从性质上讲就不是形式了。在中国目前党管干部的体制下，实现由教代会"监督"、"评议"领导干部也是一个艰难的课题。

最后，教代会权限设定太多，不符合高等学校实际。（毕宪顺，2006）[128-129]高等学校内部监督必须依法进行，否则就会混乱不堪，导致监督的随意性和盲目性。健全的法律法规体系是保证高等学校内部监督体制效能充分发挥的基础。目前我国高等学校内部监督所需要的法律法规还很不完备。一是有关高等学校内部监督的法律法规大多只是笼统地规定了监督主体及其监督权利，但缺乏明确的监督标准，在这种情况下，监督主体难以准确判断和及时纠正权力运行中的违法或不当行为，容易造成监督的盲目性和主观随意性。二是现有的法律法规的原则性规定较多，而缺乏具体的实施细则，对监督的方式和程序没有给出明确的具体规定，致使在具体的监督实践中难以操作，结果是原则性的规定也很难得到落实。《学校教职工代表大会规定》规定了教代会的八项职权，如要全面落实，仅靠一两次会议是实现不了的。

（4）监督流于形式现象严重

我国高等学校内部监督存在较为严重的形式主义。首先，党内民主监督存在流于形式的现象。有的高等学校的党组织治党不严，对党员领导干部的管理和监督失之于软，失之于松，失之于宽。组织生活会谈成绩多，谈问题则变成了提希望、唱赞歌，任期届满的述职报告中对廉洁自律的有关问题或轻描淡写或只字不谈。（吴学士，彭虹，2008）[67-70]其次，教代会活动存在形式主义，这主要表现在两方面：一是夸大成绩、轻视实际。由于有的高等学校对教代会的地位、作用认识不足，在教代会活动中往往搞形象工程，夸大成绩，以弥补实际工作的不足，这样既表面上贯彻了相关政策和法律规定，又可以省去许多工作周折。二是走过场、走形式。在一些高等学校，虽然建立起了教职工代表大会制度，但并未按照制度的要求切实开展活动，或者开展活动只是走走过场，不能达到制度要求的效果，这也是形式主义的表现。不少教职工评价教代会活动为"认认真真走过场，轰轰烈烈搞形式"。再次，高等学校内部审计监督在高等学校内部的地位普遍不高，相当一部分高校未设置独立的审计机构，有的与监察处合署办公，有的与纪委合署办公，有的作为财务处的内设机构，这就造成其权威性不高，加上高校内部审计只有建议权，无处置权，审计监督在很大程度上也处在流于形式的境地。

（三）完善我国高等学校内部监督体制的原则

我国高等学校内部监督体制存在的上述问题说明该体制还不够健全，需要进一步改革和完善。改革和完善高等学校内部监督体制必须遵循正确的原则。

1. 独立性原则

监督主体的独立性是确保一切监督体制有效性的基本要素，高等学校内部监督体制也不例外。要对高等学校内部决策及其执行过程进行有效的监督，监督主体必须具有独立性，不能依附或从属于监督客体。倘若监督主体依附或从属于监督客体，就会受制于监督客体，这种监督主体的监督活动就难以独立、客观、公正地进行，这种监督的有效性和权威性就难以保证。因此，完善我国高等学校内部监督体制，首先要改变目前监督主体缺乏独立性和权威性的状况，并从法律和制度上予以保障。具体来说，监督主体的独立性至少应包含三个方面：一是监督机构设置的独立性；二是专职监督人员产生的独立性；三是开展监督活动的独立性。

2. 系统性原则

监督体制严密与否影响着监督体制的有效性，而系统性则是监督体制严密与否的重要指标。目前我国高等学校内部监督体制是一个多元化的体制，包含了党内监督、行政监督、学术监督和民主监督等多个部分。监督机构多元和监督渠道多样是强化监督的表现和保障，但是，倘若各监督机构和渠道之间分工含糊不清、缺乏沟通协调，不仅不会产生合力效应、提升监督效果，反而可能造成不必要的内耗，影响监督效果。因此，为了充分发挥各种监督机构和渠道的整体效应，在发展和完善我国高等学校内部监督体制的过程中，应遵循系统性原则，结合学校实际，统筹设计监督制度体系，进一步明确各监督机构之间的职权分工，构建各监督机构之间的联系渠道，理顺各监督机构之间的关系，使各监督机构既分工负责，又互相协调；既各司其职，又通力协作，从而形成相互协调、互为补充的高等学校内部监督网络。

3. 法治化原则

监督是一种检查、审核、评议、督促的活动，这一活动必须依据一定的规则、程序或法律法规等展开，否则，监督过程将无所适从，监督结果也难有说服力，监督也就难以具有严肃性和权威性。也就是说，法治化是监督体制有效性的基本保障。因此，完善我国高等学校内部监督体制必须坚持法治化原则，加强有关监督的立法工作，逐步建立和健全各项有关高等学校内部监督的法律法规，对监督的权限、范围、方式、程序等做出明确、细致、具体的规定，使高等学校内部监督工作有章可循、有法可依，在此基础上严格依法进行监督，维护高等学校内部监督的严肃性和权威性，从而提升监督的有效性。

4. 广泛性原则

完善的高等学校内部监督应该是广泛性的监督。这里的广泛性包含两层意思，即监督主体的广泛性和监督客体的广泛性。首先，监督的主体应具有广泛性。高等学校内部监督的主体不仅包含党的纪律检查机构、行政系统的监察、审计机构，还应包含学术委员会、教授委员会等专门委员会，以及民主党派、教职工代表大会、新闻机构、学生团体等组织或机构。其次，监督的客体应具有广泛性。从监督的对象来看，既包括对政治权力和行政权力的监督，也包括对学术权力的监督；既包括对学校层级权力的监督，也包括对院、系层级权力的监督。从监督的内容来看，一是对权力获得的监督，即通过选举、罢免等途径，使掌握高等学校内部学术权力和行政权力的机构和人员能够真正符合高等学校发展的要求，能够真正代表群众的利益和要求；二是对权力运行过程的监督，即对高等学校内部决策和执行的主体、内容、程序、规则等进行监督；三是对权力运行的后果进行监督，即对高等学校内部政治权力、行政权力和学术权力运行的后果进行监督，根据有关法律法规，使权力行使者对其误用或滥用权力所带来的不良后果承担相应的责任和惩罚。

5. 民主性原则

没有民主就没有社会主义，就没有社会主义的现代化。（邓小平，1994）[168]民主是社会主义的本质特征和内在属性。高等学校内部监督，特别是内部监督体制中的民主监督系统，必须坚持民主性原则。强调高等学校内部监督体制的民主性原则，既是在高等学校内部发扬社会主义民主、加强民主政治建设的重要方面，也是提高高等学校内部监督体制有效性的需要。高等学校是知识分子聚集的地方，高等学校的管理人员、教职工和学生具有相对较强的民主意识和参与民主监督的愿望，也有进行民主监督的能力，开展民主监督的基础较好，高等学校应充分利用这一优势，逐步建立和完善以教职工代表大会制度为主要内容的高等学校内部监督体制。

（四）以完善教职工代表大会制度为主要内容，构建高等学校内部监督体制

教职工代表大会制度是我国高等学校内部民主监督的主要内容和基本形式。在当前形势下，以完善教职工代表大会制度为主要内容构建高等学校内部监督体制，是进一步深化高等学校内部管理体制改革的客观要求，是确保高等学校内部权力规范行使的迫切需要，是在高等学校内部充分实现社会主义民主的重要途径。

1. 完善教职工代表大会制度的必要性与可行性

在我国高等学校内部，民主监督有多种形式，如民主党派的民主监督、教职工代表大会的民主监督等。随着我国社会主义市场经济体制改革

和高等学校内部管理体制改革的逐步深入，高等学校内部民主监督的内容和形式将会越来越表现出多元化特征，但教职工代表大会制度作为高等学校内部民主监督主要内容和基本形式的地位不会改变，这既与法律和政治因素提供的强力支持有关，又与传统和心理方面的因素有关。

国家通过法律、法规形式予以确认，无疑是确保教职工代表大会制度成为高等学校内部民主监督基本形式的最重要因素。一定的社会利益关系、社会组织形式一旦上升为法律，就很自然地获得了权威性和普遍性，同时也获得了极大的明确性和稳定性。《教育法》、《高等教育法》和其他法律、法规明确规定，高等学校通过以教师为主体的教职工代表大会等组织形式，依法保障教职工参与民主管理和监督，维护教职工合法权益。事实上，我国公立高等学校实行教职工民主管理和民主监督所采用的基本形式就是教职工代表大会制度。此外，与企业职代会一样，教职工代表大会不是教职工自发组织、争取自身利益的形式，它是由党和政府自上而下推动，落实和体现教职工的主人翁地位的一个象征。因此，教职工代表大会制度从一开始就被看成是社会主义国家高等学校教职工群众当家做主的基本形式。教育部2011年底印发、2012年1月1日起实施的《学校教职工代表大会规定》更加明确了"学校教职工代表大会是教职工依法参与学校民主管理和监督的基本形式"。事实上，在我国公立高等学校内部，任何一种民主管理和监督的形式都不能像教职工代表大会制度这样可以充分体现出"全体意志"的特性，可以充分体现社会主义民主。

从实践情况来看，通过多年的实践活动，教职工代表大会制度作为高等学校内部民主监督的基本形式已经逐步深入人心，成为高等学校广大教职工群众工作与生活的重要组成部分。教职工代表大会每三年或每五年为一届，定期开会，由学校工会组织发动广大教职工群众积极参加，通过民主选举教职工代表，教职工代表向广大教职工征集各种提案，讨论通过有关规章制度，讨论决定有关教职工的集体福利事项，民主评议领导干部，监督有关职能部门落实教代会决议的状况等各项活动，把广大教职工

"网"入教职工代表大会的制度体系之中。久而久之，通过教职工代表大会实现利益表达，进行民主监督，逐渐成为高等学校广大教职工的一种习惯和心理。尽管教职工代表大会制度在发展过程中还存在着形式主义的现象，但它所表现出的传统影响力却难以抗拒，广大教职工仍然对教职工代表大会制度具有很强的认同感。这些因素都为构建以教职工代表大会制度为主要内容的高等学校内部监督体制奠定了良好的基础。

2. 调整教职工代表大会制度的功能

当前，我国高等学校办学自主权逐步落实，高等学校内部管理体制改革不断深化，高等学校教师聘任制改革逐步深入。在这种形势下，高等学校教职工代表大会制度的功能、职权等必然会发生一些变化。以完善教职工代表大会制度为主要内容，构建高等学校内部监督体制，必须首先明确并逐步调整教职工代表大会制度的基本功能，特别是进一步加强教职工代表大会制度的监督功能和权益保护功能，促使其逐渐成为高等学校内部监督体制的主要内容。

《学校教职工代表大会规定》第七条规定，教职工代表大会享有八项职权，高等学校教职工代表大会制度通过这些职权的行使，实现着它在政治、监督、管理、福利分配和权益保护等多方面的功能。

（1）政治功能

教职工代表大会制度本身是自上而下推动的产物，自一开始就具有很强的政治功能。在高等学校建立教职工代表大会制度，并将其作为教职工参与高等学校民主管理和监督的基本形式，适应了三个层面的政治要求。在微观层面，它适应了高等学校内部管理民主化的要求。在高等学校实行党委领导下的校长负责制的同时，建立教职工代表大会制度，实现了依靠群众力量对高等学校内部政治权力、行政权力、学术权力运行进行监督和制约，也能够充分发挥广大教职工的积极性，群策群力，实现高等学校内部管理的科学化和民主化。在中观层面上，教职工代表大会制度适应了落实党的知识分子政策和进行高等教育改革的要求。从高等学校教职工代表大会制度的发展历程可以看出，它的建立是由党和政府自上而下推动，落实知识分子政策的一个象征。同时，高等学校教职工代表大会制度在促进高等教育改革方面也发挥了重要的作用，是我国事业单位体制改革的重要组成部分。在宏观层面，教职工代表大会制度与我国政治制度中的人民代表大会制度相呼应，确保了在高等学校内部实现人民群众当家做主，在党的领导下共同实现社会主义国家人民群众参政议政、民主管理和民主监督的政治要求，因而在某种意义上它是人民代表大会制度在高等学校中的延伸。因此，从一开始，教职工代表大会制度就具有很强的政治功能，这种功能在新的形势下依然存在并将继续得到加强。

（2）监督功能

按照职工民主管理的一般理论，高等学校建立教职工代表大会制度的目的主要有四个：一是审议高等学校内部的有关重大决策，让教职工该参与的参与，以保证高等学校内部决策的民主性和科学性；二是维护广大教职工的合法权益，让教职工该知情的知情，以保证广大教职工当家做主的政治地位；三是监督高等学校各级党政领导，让教职工该反映的反映，以保证高等学校权力运行遵循国家的政策、法规，防止违法乱纪行为发生；四是通报学校改革发展与阶段工作，让教职工该出力的出力，动员一切可以动员的力量为学校改革和发展贡献力量。分析起来，这四个目标的实现都离不开"监督"二字，"参与"才能监督，"知情"有利监督，"反映"就是监督，"出力"实现了监督的效果。因此，教职工代表大会最基本也是最重要的功能就是监督功能。随着高等学校办学自主权的逐步落实和扩大，教职工代表大会的监督功能应该不断增强。

（3）管理功能

教职工代表大会制度具有管理功能。首先，作为广大教职工参与高等学校民主管理和监督的基本形式，教职工代表大会具有管理学校的功能，它通过在本校权限范围内行使"提出意见和建议"、"提出整改意见"、

"提出修改意见"，以及"讨论通过"、"审议"和"评议"，确保广大教职工参与学校重要事务的管理和监督，从而更好地"保证培养德、智、体全面发展的人才和各项任务的完成，办好具有中国特色的社会主义大学"。其次，教职工代表大会还具有组织和管理教职工的功能。教职工代表大会是学校以教师为主体的教职工行使民主权利，参与学校民主管理和监督的基本组织形式，这种基本组织形式将广大教职工"组织"到制度化的渠道中，参与学校民主管理和监督，促使其"以主人翁的责任感努力完成各项工作任务"。

（4）福利分配功能

教职工代表大会制度具有福利分配功能。教职工代表大会的第四项职权表明，凡是涉及"与教职工利益直接相关的福利、校内分配实施方案以及相应的教职工聘任、考核、奖惩办法"等事项，都要经教职工代表大会讨论通过。受传统计划经济体制下社会资源分配由国家和"单位"垄断的影响，我国高等学校在一定程度上具有很大的利益分配权限，教职工代表大会通过讨论决定有关福利分配事项，体现出福利分配的功能。但是，随着社会主义市场经济体制改革的深入和高等学校内部逐步推行的住房制度改革、医疗保险社会化改革、退休金管理公共化改革以及后勤社会化改革等，高等学校内部福利的市场化分配制度和机制正逐步建立和完善起来。在这种形势下，教职工代表大会制度原来承载的社会福利分配功能将逐步减弱，甚至会慢慢消失。但政府赋予高等学校的办学权力中，绩效工资的实施方案会给高校留有一定自主权，教职工聘任、考核、奖惩等管理制度在不同高校也会有所区别、各具特色，这些都需要经过教职工代表大会认真讨论，统一思想认识，以便顺利实施和推进。

（5）权益保护功能

教职工代表大会制度具有权益保护功能。《高等教育法》第四十三条明确规定，高等学校通过以教师为主体的教职工代表大会等组织形式，依法保障教职工参与民主管理和监督，维护教职工合法权益。由此，维护教职工的合法权益是教职工代表大会制度的一项基本功能。随着高等学校教师聘任制改革的日益深化，教职工与学校的劳动关系、利益关系正在发生深刻变化，教职工的许多具体权益由以往基本取决于国家，逐步转变为取决于教职工与学校之间的契约，即教职工与高等学校之间的关系由行政法律关系逐步转变为契约关系。因此，在国家、高等学校和教职工的新的利益关系中，教职工代表大会维护和主张教职工合法权益的功能将不断增强，教职工代表大会甚至应该成为新形势下教职工利益的代言人和保护者。

3. 明确教职工代表大会制度的定位

实践证明，要实现教职工代表大会制度的基本功能，必须正确处理教职工代表大会与高等学校内部各方面的关系，对教职工代表大会制度进行合理定位。

（1）正确处理教职工代表大会与党委领导的关系

教职工代表大会制度必须坚持学校党委的领导。《高等教育法》规定，中国共产党高等学校基层委员会按照中国共产党章程和有关规定，统一领导学校工作，其领导职责主要是：执行中国共产党的路线、方针、政策，坚持社会主义办学方向，领导学校的思想政治工作和德育工作，讨论决定学校内部组织机构的设置和内部组织机构负责人的人选，讨论决定学校的改革、发展和基本管理制度等重大事项，保证以培养人才为中心的各项任务的完成。2010年8月印发并实施的《中国共产党普通高等学校基层组织工作条例》第八章规定了党组织对群众组织的领导关系，第三十三条规定"高等学校党的委员会领导教职工代表大会，支持教职工代表大会正确行使职权，在参与学校的民主管理和民主监督、维护教职工的合法权益等方面发挥积极作用"。《学校教职工代表大会规定》第六条规定"教职工代表大会在中国共产党学校基层组织的领导下开展工作。教职工代表大会的组织原则是民主集中制"。可见，教职工代表大会制度是党委领导下的教职工代表大会制度。教职工代表大会制度必须坚持党委领导，认真贯彻党的方针政策，这一点在任何时候都不能动摇。维护党委的威信和领导，就是从根本上维护广大教职工的权益，这是教职工代表大会工作的基本出发点。教职工代表大会各项工作必须以学校党委为中心，围绕学校的改革、发展和稳定，做好民主管理和民主监督工作，只有这样，教职工代表大会才能在学校的改革和发展中从自身的角度发挥出独特的作用。在认真学习党的各项方针、政策，坚决服从学校党委领导的同时，教职工代表大会应不断增强自觉意识，立足自身组织和发动教职工的优势，积极主动地在党委的领导下参与到学校改革和发展的各项活动中，从而在推动学校发展的同时不断提升自身地位。

《中国共产党普通高等学校基层组织工作条例》第三十二条规定"高等学校党的委员会要研究工会、共青团、学生会、学生社团等群众组织工作中的重大问题，支持他们依照国家法律和各自章程独立自主地开展工作"。这是关于加强和改进高等学校党组织对群众组织领导的具体规定。学校党委应重视、领导和支持教职工代表大会制度建设及教职工代表大会的各项工作。在高等学校建立和健全教职工代表大会制度，是党的执政能力的具体体现，是全心全意依靠教职工办学的基本要求，是党的"依靠"方针在高等学校内部的具体落实，也是增强党的阶级基础、扩大党的群众基础的重要途径。因此，学校党委应从政治的高度重视教职工代表大会制度建设，将教职工代表大会的工作作为党委的重要工作内容列入议事日程，定期研究和决定教职工代表大会工作中的重大问题，及时听取教职工代表大会及其各专门工作委员会的工作汇报，党委的有关会议应吸收教职工代表大会负责人参加或列席等。同时，学校党委要加强对教职工代表大会的领导和"把关"，对教职工代表大会的有关重要事项进行统一领导和部署。学校党委还应支持教职工代表大会根据有关规定独立自主地开展工作，支持和鼓励教职工代表大会更多地从教职工方面考虑和提出问题，发表意见，从而使各方面的决策能更好地把党的要求与教职工的意愿有机地结合起来。

（2）正确处理教职工代表大会与行政部门的关系

教职工代表大会与行政部门之间是监督与被监督和相互支持的关系。《学校教职工代表大会规定》明确教职工代表大会具有民主监督的职权，同时，教职工代表大会要尊重和支持校长及行政系统行使指挥职权。因此，一方面，教职工代表大会要积极参与学校的民主管理和监督，加强对行政权力运行的监督和制约，对涉及广大教职工群众切身利益和关系学校发展的各项事务，要敢于和善于监督，积极维护广大教职工的民主权利；另一方面，监督不同于事事处处进行干预，而是要尊重和支持行政部门依法行使行政权力，积极发动教职工为学校的各项行政管理活动献计献策，帮助行政部门做好工作。通过监督，找出行政权力行使和行政部门各项活动中存在的问题，同时以合作的态度积极地帮助行政部门解决问题，避免内耗，既代表广大教职工的具体利益，又要考虑学校的长远利益，只有这样，才有利于学校发展，也有利于教职工代表大会制度建设。

学校行政部门首先要尊重和支持教职工代表大会行使民主管理和监督的职权。正确认识教职工代表大会的地位和作用，认真对待教职工代表大会关于学校年度计划、发展规划、改革方案、教职工队伍建设等重大问题的意见和建议，对于与教职工切身利益相关的基本规章制度、校内分配实施方案以及相应的教职工聘任、考核、奖惩办法等事项，都要经教职工代表大会讨论通过后，方可颁布施行。其次要认真对待教职工代表大会的有关决议和提案。教职工代表大会的决议，是学校教职工集体智慧的结晶，执行教职工代表大会决议，是行政部门的责任和义务；教职工代表大会的提案是教职工意见、要求、建议的集中体现，教职工代表大会会议结束后，行政部门应认真负责地处理和落实各项提案，并在下次会议上向教职工代表大会报告，这是衡量教职工代表大会质量高低的重要标志。否则，如果教职工代表大会的决议得不到实施，教职工代表大会提案不能得到及时的处理和落实，就会助长教职工代表大会工作的形式主义。最后，校长要定期向教职工代表大会报告工作，听取意见，自觉接受教职工代表大会的民主监督和民主评议，将教职工代表大会的民主监督和评议作为提高行政部门管理效能的基本手段。

（3）正确处理教职工代表大会与学术组织的关系

《高等教育法》第四十二条明确规定，高等学校设立学术委员会，审议学科、专业的设置，教学、科学研究计划方案，评定教学、科学研究成果等有关学术事项。学术委员会是我国公立高等学校内部管理结构的基本组成部分，是高等学校内部学术权力的行使机构。构建以教职工代表大会制度为主要内容的民主监督机制，必须要正确处理教职工代表大会与学术委员会的关系。教职工代表大会与学术委员会之间是监督与被监督和相互协作的关系。高等学校的学术权力运行也需要教职工代表大会的民主监督，学术权力失去监督，也会产生腐败现象，尤其是教师专业技术职务评聘、教学科研成果奖项评审、教学科研课题立项等事关广大教师切身利益的重要学术管理事务，必须要接受教职工代表大会的监督。此外，学术委员会是主要由教师群体组成的具有咨询审议性质的机构，目的是增强广大教师对学术事务决策和执行的参与，而根据有关规定，教职工代表大会的代表的构成应充分体现学校以教学为主，其中教师代表的人数一般应占总人数的60%左右，目的是参与学校民主管理和监督。因此，从某种意义上来说，教职工代表大会与学术委员会都是教师利益表达机制，是广大教师参与学校事务的基本组织形式，二者存在互相支持与协作的必要和可能。

近几年，我国许多高等学校纷纷设立教授委员会，教授委员会成为决定院（系）发展规划和教学科研组织形式，决定学科建设、专业发展和教师队伍建设，职称评定、教师聘任等有关学术事务的决策机构。（张君辉，2007）[72-75]教职工代表大会与教授委员会之间也应该是监督与被监督和相互协作的关系。目前我国高等学校教授委员会的基本定位是基层学术组织学术事务的决策机构，亦即是学术权力的行使机构，而学术权力的运行需要教职工代表大会的监督和制约，因此，教授委员会的组织、活动、决议等需要接受教职工代表大会的民主监督。从实践来看，许多高等学校的教授委员会委员的聘任、考核等工作大多通过院系全体教授、副教授或教师大会进行。有的高等学校还明确规定教授委员会应接受教职工代表大会的监督，如山东农业大学教授委员会决定的重大议题需经学院教职工代表大会审批。此外，教授委员会与教职工代表大会之间存在互相支持、协作的空间，教授委员会可以凭借自身的优势和特点，来支持和促进教职工代表大会制度的发展和完善。

（4）理顺教职工代表大会与工会、工代会的关系

《工会法》规定，工会是职工自愿结合的工人阶级的群众组织，维护职工合法权益是工会的基本职责，工会组织和教职工依照宪法和法律的规定行使民主权利，发挥国家主人翁的作用，工会依照法律规定通过职工代表大会或者其他形式，组织职工参与本单位的民主决策、民主管理和民主监督。《学校教职工代表大会规定》指出，学校工会为教职工代表大会的工作机构。学校工会承担以下与教职工代表大会相关的工作职责：①做好教职工代表大会的筹备工作和会务工作，组织选举教职工代表大会代表，征集和整理提案，提出会议议题、方案和主席团建议人选；②教职工代表大会闭会期间，组织传达贯彻教职工代表大会精神，督促检查教职工代表大会决议的落实，组织各代表团（组）及专门委员会（工作小组）的活动，主持召开教职工代表团（组）长、专门委员会（工作小组）负责人联席会议；③组织教职工代表大会代表的培训，接受和处理教职工代表大会代表的建议和申诉；④就学校民主管理工作向学校党组织汇报，与学校沟通；⑤完成教职工代表大会代表委托的其他任务。由此可见，在我国高等学校内部，教职工代表大会与工会之间有着密切的联系。高等学校工会的基本职责是维护广大教职工的合法权益，包括政治、经济和文化等各方面的权益，而教职工代表大会是依法保障教职工参与民主管理和监督，维护教职工合法权益的基本途径。因此，教职工代表大会工作应是高等学校

工会工作的一项核心任务。高等学校工会作为教职工代表大会的工作机构，应该充分发挥作用，组织选举代表，收集和整理代表提案，在教职工代表大会闭会期间，积极督促和检查教职工代表大会决议和提案的执行和落实情况，并认真处理有关教职工的申诉，切实维护教职工的主人翁地位和合法权益，促进教职工代表大会各项制度建设。

在实际工作中，教职工代表大会和工会会员代表大会不能互相替代。工会会员代表大会的职权是讨论、决定工会组织的内部事务，教职工代表大会是组织教职工行使民主权利，参与民主管理和民主监督，二者职权不同，不能相互替代。即使两会同时召开，实行一个代表双重身份，也应在会议议程上相对分开，体现二者职权的区别。

4. 完善教职工代表大会制度的内容

经过三十多年的实践，我国高等学校教职工代表大会制度中的组织制度、选举制度、会议制度、评估制度等多方面内容不断丰富。为使教职工代表大会制度的运行更加规范，更好地发挥应有的作用，应着力拓展、充实和完善各项制度。

（1）健全教职工代表大会基本制度

主要包括有关教职工代表大会的总体制度。在宏观层面上，应根据党的十七大和工会十四大精神，认真总结三十多年来高等学校实行教职工代表大会制度的实践经验，贯彻和执行《学校教职工代表大会规定》，充实和调整教职工代表大会的职权内容、代表制度、组织规则、工作机构等基本制度，以适应新时期高等学校改革和发展的实际需要；在微观层面上，各高等学校应结合本校改革和发展的实际，修订和调整教职工代表大会的实施办法或细则，充实和明确学校教职工代表大会的基本制度内容。要特别注意对一些关键环节做出明确规定，如要明确教学科研一线的教职工在代表结构中所占的比例；明确教职工代表对提交的审议事项要有充分酝酿讨论的时间；明确规定教职工代表大会常设主席团会议与教职工代表大会的关系，不能把教职工代表大会常设主席团会议等同于教职工代表大会等。

（2）完善教职工代表大会具体工作制度

教职工代表大会工作制度主要包括教职工代表大会具体工作部门和工作程序的有关制度。如教职工代表大会各专门工作委员会工作制度、代表培训制度、调查研究制度、提案处理制度、咨询与沟通制度、干部评议制度、教职工代表大会报告制度，等等。具体制度内容的完善需要紧密联系学校改革发展的实际，与时俱进地进行。比如，应根据学校改革和发展的实际需要，及时调整、建立教职工代表大会各专门工作委员会，如教职工住房货币分配监督委员会、医疗制度改革工作监督委员会、人事制度改革监督委员会、校务公开工作委员会、民主评议领导干部工作委员会等，相应地，其具体"工作条例"等也要根据实际需要不断进行补充、调整和完善；随着高等学校内部校、院（系）两级管理体制的发展，院（系）逐步实行实体化管理，随之各专业学院二级教职工代表大会也应运而生，因此，要适时制定二级教职工代表大会的有关规定和工作条例；在高等学校后勤社会化改革、人事聘任制度改革不断深化的客观形势下，还应不断完善有关维护教职工合法权益的具体制度，如教职工代表大会巡视制度、旁听制度、咨询制度、对话制度等。实践证明，只有不断完善符合学校实际的教职工代表大会具体工作制度，才能使教职工代表大会工作有章可循，减少工作的主观性、随意性，实现教职工代表大会工作的民主化、程序化、规范化，提升教职工代表大会民主管理和民主监督的效能。

（3）完善教职工代表大会工作机构内部管理制度

教职工代表大会工作机构内部管理制度建设有两种路径可选。一是根据《学校教职工代表大会规定》的要求，将学校工会委员会作为教职工代表大会的工作机构，进一步完善工会内部管理制度，加强工会组织的自身建设；二是为进一步提高教职工代表大会在高等学校管理中的地位，促进教职工代表大会制度健康发展，应建立教职工代表大会的专门工作机构，比如教职工代表大会常委会或主席团，并确立相应制度。无论选择哪种路径，都应针对教职工代表大会各项工作的落实和闭会期间教职工代表大会工作机构的职责，制定有关协调制度、考核制度等内部管理制度，促进教职工代表大会制度的发展和完善。

（4）完善教职工代表大会评估制度

自 1996 年中国教育工会全国委员会《关于开展教职工代表大会评估工作的意见》出台以来，教职工代表大会评估工作已历经十几年的发展，对我国高等学校教职工代表大会的制度化和规范化建设起到了很大的推动作用。随着教育改革的深入和发展，教职工代表大会评估制度需要与时俱进地发展和完善。通过加强评估制度建设，进一步明确评估内容，细化评估标准，确立评估原则，创新评估方法和手段，完善评估工作的组织实施，提高评估结果的科学性和实效性等，逐步把教职工代表大会评估纳入督导检查和高等学校整体工作评估体系当中，从而进一步促进教职工代表大会质量的提高和教职工代表大会制度建设。

5. 创新教职工代表大会制度的形式

教职工代表大会制度的形式体现教职工代表大会制度内容，是实现教职工代表大会制度功能的现实载体。高等学校构建以教职工代表大会制度为主要内容的内部监督体制，必须对教职工代表大会的组织形式、工作机制等方面进行积极探索，创新和完善教职工代表大会制度的具体形式。比如，在规模较大的高等学校试行设立教职工代表大会常设机构，与工会工作有所分离，各有侧重，在闭会期间行使相应职权；可根据教职工代表大会代表常任制的特点，在闭会期间实行教职工代表大会代表提案经常化，这也是尊重教职工代表大会代表地位和民主权利的好形式；可参照地方人大、政协的参政议政方式，创造出落实教职工代表大会职权的巡视制度、听证制度、旁听制度、咨询制度、对话制度等，以不断夯实和提升教职工代表大会的地位；延伸教职工代表大会制度，在试点的基础上，大力推进高等学校二级教职工代表大会制度建设，不断提高二级单位的民主管理水平。（徐远火，2005)[30-35]根据《学校教职工代表大会规定》的精神，应着重从以下几方面完善和创新高等学校教职工代表大会制度的具体形式。

（1）创新校务公开制度

教职工代表大会各项职权落实的前提和基础就是教职工的知情，教职工只有知情，才能广泛而深入地参与学校民主管理和监督。推进校务公开，是完善教职工代表大会制度最为基础和易行的方面。然而在以往的实践中，这一最重要的前提和基础却被忽视了。校务公开是社会主义民主政治建设的重要组成部分，是新时期高等学校民主政治建设的新发展，是依法治校的重要内容，是厂务公开、政务公开在学校的延伸，也是学校进行民主管理、民主监督的重要措施，被誉为高等学校的"阳光工程"，已成为高等学校民主的窗口、高等学校教职工参与民主管理和监督的平台。让广大教职工享有知情权，突出知情权，强化知情权，是校务公开制度的根本要义。因此，建立、完善和创新校务公开制度，能够为广大教职工知校情、参校政、督校务奠定基础，从公开、知情，而后到议事、监督，使教职工进行民主监督的各个环节趋于完备，促进教职工代表大会制度和高等学校民主监督机制的发展和完善。完善和创新校务公开制度可从以下几方面着手：首先，加强校务公开内容的广泛性；其次，提高校务公开时间上的灵活性；再次，力求校务公开具体形式的多样性；最后，建立健全有关监督检查办法，确保校务公开的真实性和实效性，防止随意性和形式主义等。

（2）创新民主评议领导干部制度

民主评议领导干部，是教职工代表大会制度实现民主管理、民主监督的有效形式，是在高等学校干部工作中发扬社会主义民主、坚持党的群众路线的重要措施和具体实践。胡锦涛同志在党的十七大报告中谈到完善制约和监督机制时强调，"重点加强对领导干部特别是主要领导干部、人财物管理使用、关键岗位的监督"。因此，积极开展教职工代表大会民主评议领导干部工作，完善和创新民主评议领导干部制度，是高等学校健全教职工代表大会制度，完善民主监督机制，加强基层民主政治建设的重要举措。高等学校应根据本校实际，从评议内容、评议方式、评议标准、评议程序、评议结果处理和运用等方面进行探索和创新，尤其应加强评议结果的质量控制、评议规范的可操作性等方面的探索和创新，促进教职工代表大会民主评议干部制度健康有效地运行。需要指出的是，在党管干部原则下，干部评议组织部门有明确的规定和程序，教职工代表大会民主评议领导干部，主要应做好与组织部门的沟通与衔接，最好是结合起来，不至于评议太多，关键是扩大参与，加强监督。

（3）加强二级教职工代表大会制度建设

随着高等学校内部管理体制改革的深入和学院一级办学自主权的扩大，教职工代表大会制度已逐步向二级单位发展和延伸。可以说，作为二级学院民主管理和监督的基本形式，二级教职工代表大会的建立是加强和改进学校民主管理和监督工作的客观需要，是教职工参与本学院事务，行使民主权利的基本渠道，是贯彻落实全心全意依靠教职工办学指导方针的重要措施，同时也是推进学院科学管理、民主决策，促进二级学院改革和发展的题中应有之义。在当前形势下，加强二级教职工代表大会制度建设，促进教职工代表大会制度的纵深发展，实现教职工代表大会组织的网络化，是完善高等学校内部民主监督体制，促进高等学校政治文明建设的重要内容。为此，必须完善二级教职工代表大会制度建设的创新机制，在对应学校教职工代表大会制度和坚持总的原则的基础上，根据院系实际情况，灵活地运用各种机制，在内容、形式和具体操作上进行探索、尝试和创新。

（4）建立教职工代表大会制度的长效机制

教职工代表大会制度长效机制的缺乏，制约了教职工代表大会制度应有作用的发挥，这已成为不争的事实。因此，应采取多种形式实现教职工代表大会活动的经常化。建立和完善教职工代表大会制度的长效机制，除了按照《学校教职工代表大会规定》第十七条所要求的"教职工代表大会每学年至少召开一次"外，还应不断创新教职工代表大会闭会期间的工作机制，比如，建立教职工代表大会常设主席团或执行委员会，强化其在教职工代表大会闭会期间的职能；建立教职工代表大会对学校日常工作的咨询制度；建立代表提案常年制等，确保教职工代表大会主席团、教职工代表大会各个专门委员会和教职工代表大会代表按照各自的职责，经常开展活动，促进民主管理和民主监督。

6. 加强教职工代表大会制度的法制化、规范化建设

教职工代表大会制度的发展和完善，必须依法进行。要依法进行，就需要加强教职工代表大会制度的法制化、规范化建设。

随着高等教育改革的深入，高等学校办学自主权逐步得到落实和扩大，政府对高等学校内部管理的约束越来越少，在这种形势下，广大教职工对高等学校内部权力运行进行约束的重要性逐渐凸显。然而，有关高等学校内部民主管理和民主监督的具体法规性文件尚不完善。1985 年 1 月28 日教育部、原中国教育工会印发的《高等学校教职工代表大会暂行条例》运行了 27 年，直到 2011 年 12 月才进行了修订，教育部颁发了《学校教职工代表大会规定》，无论是从民主政治建设的社会背景，制订该条例的法律和理论依据，还是高等学校办学规模、办学模式等多方面来看，法规的滞后和不完善事实上影响了以教职工代表大会制度为主要内容的高等学校内部民主监督体制的建设和发展。由于没有具体完善的法律、法规，在处理一些具体问题上就显得无法可依。例如，一所高等学校的校内津贴改革方案应不应该提交教职工代表大会审议？如提交教职工代表大会审议，是审议总体方案，还是审议具体方案？教职工提出合理的意见或建议，怎样监督执行？诸如此类的问题和环节仅靠目前的《学校教职工代表大会规定》和《工会法》是不能解决的。事实上，《学校教职工代表大会规定》颁布后，关于高等学校教职工代表大会的法律地位，应该说已经比较明确了。现在需要着力解决的问题是，应该根据三十多年实践的经验和当前形势任务的变化，在国家、地区和高等学校的层面上，对教职工代表大会制度的相关法律、法规作进一步修订，以进一步界定和规范高等学校教职工代表大会制度的地位作用、职权范围、组织形式、运作程序和评估考核等问题，推动其向更深层次、更具实效性和操作性的方面发展。

加强教职工代表大会制度的法制化、规范化建设，需要解决好几个关键性的问题。

（1）继续完善《学校教职工代表大会规定》

尽快制定与《学校教职工代表大会规定》相一致相配套的行政规章，如《〈学校教职工代表大会规定〉实施办法》等。总结三十多年来的实践经验，通过调查研究，对《学校教职工代表大会规定》进行补充完善，凡是成熟的东西就可以着手立法。新颁发的规章应尽可能具体化，越具有操作性越好，对广大教职工参与高等学校民主管理和监督的内容、途径、程序、规则等都在法律上进行明确规定，从而实现教职工代表大会民主监督的有法可依。

（2）规定法律责任，做到有法必依、违法必究

当前高等学校教职工代表大会在民主管理和民主监督中遭遇到的一个重大问题是，学校管理者有法不依或违法不究。一些高等学校管理者虽然了解有关教职工代表大会的法律法规，却因无法律责任而不重视依法办事，或随意性较大。由于对违反有关教职工代表大会的法律法规的行为缺乏应有的责任认定和惩罚措施，造成许多管理者对教职工代表大会制度不够重视，这是当前教职工代表大会制度建设中遇到的难点问题。因此，在制定和完善有关教职工代表大会的法律、法规时，尤其注意做出相关法律责任和惩罚措施的规定，一旦高等学校管理者有法不依，便能够按照有关规定和具体程序追究其法律责任，从而实现教职工代表大会民主监督的有法必依、违法必究。

（3）加强自身建设，提高教职工代表大会自身法律工作水平

广大教职工代表和各级教职工代表大会工作机构应学习法律基本知识，特别要熟悉与教职工代表大会工作有关的法律、法规和政策，深入研究将教职工代表大会制度建设纳入法制轨道的问题，自觉组织广大职工认真学习法律知识，提高广大教职工群众的法律意识和法制观念，不断增强依法维护合法权益的能力，为教职工代表大会制度的法制化、规范化建设奠定基础。

五、高等学校内部权力机制研究

党的十七大明确提出，"建立健全决策权、执行权、监督权既相互制约又相互协调的权力结构和运行机制"，确保权力正确行使。这是改革开放以来我们党在探索权力制约和监督机制方面取得的重要经验和实践成果，是对权力结构和运行机制认识的进一步深化，对于规范权力运行，提高管理效能，从源头上防治腐败，具有十分重大的意义。这一重要论述为深化高校内部管理体制改革指明了方向。而"高校内部管理体制主要体现为权力在管理的各阶层和高校各个不同利益群体间的分配，以及它们相互间的权力作用关系"（周光礼，2005）$^{8-9}$。因此，我国高等学校要建立现代大学制度，必须建立决策、执行和监督三权既相互制约又相互协调的高等学校内部权力结构，确立党委领导、教授治学、校长管理、民主监督的体制框架，形成决策科学、执行顺畅、监督有力、运转高效的内部权力运行机制。这是高等学校内部体制改革的目标指向。为了实现这一目标，要有切实可行的举措，要落实到具体的行动上。具体到高等学校内部，一是优化高校内部现存的权力结构，建立科学合理的权力结构；二是健全完善高等学校内部权力的运行机制。

（一）决策权：高等学校内部学术权力
与行政权力耦合机制

现代大学制度的建立最终要落实到大学内部组织和权力结构的调整上。西方大学围绕学术自由、大学自治的理念，在大学内部建立了以学术权力为中心的权力结构，大学学术事务真正交由学术权力主宰。世界上有成就的大学，无不以学术权力为中心来建构大学组织。德国和日本的大学，通过讲座制凸显了学术权力的作用；美国的终身教授制则从根本上对学术权力予以保护。而我国高等学校内部主要存在政治权力、行政权力和学术权力，且政治权力和行政权力居于中心地位，学术权力已被边缘化。这背离了大学作为一个学术性组织的基本要求。当然，现代大学不可能摆脱行政组织以及行政权力的影响，但是在大学这种学术和文化组织内部，如何将行政权力控制在应有的范围内，使学术权力能够充分发挥作用，是现代大学所要解决的问题。"为了适应我国社会经济迅速发展，高等教育规模不断扩大，以及大学管理体制改革逐步深入的新形势，大学内部的运行机制和管理架构必须做出相应的调整和改革，构建和谐的大学内部行政权力与学术权力的关系。"（钟秉林，2005）[3-5]为此，我们可以根据我国大学的特点，积极借鉴西方大学的管理经验，结合现代大学制度的要求，对大学内部组织进行重新设计，完善高等学校法人制度和以学术权力为主导的高等学校内部体制，有效调整学术权力和行政权力的关系。

1. 完善高等学校法人制度

确立高校的法人地位，用高校法人制度来处理高校与政府的关系，是市场经济国家行之有效的方法，是完善高等学校内部体制和机制的基础。

世界上绝大多数发达国家的高校都具有法人地位。在亚洲，近几年日本高校法人化改革则成为该国高等教育改革的重头戏。

完善高校法人制度，首先，要确认我国公立高校的法人性质，明确高校法人的权利。高校既是民事主体，又是教育主体，具有双重法律地位。高校法人是公法人、社团法人、公益法人、事业单位法人。《高等教育法》明确的高校法人地位不仅仅是一种民事主体，而且表明高校也是一类特殊的行政主体，是公法人中的特别法人。高校法人在民事方面的权利主要是财产权。高校法人的财产权包括对财产的占有、使用、收益和法律规定的处分权，而不享有完全的所有权。其次，尽快落实高校专业设置权、招生权。专业设置权、招生权是高校的最重要的两项办学自主权，是落实高校办学自主权的标志。我国高校与发达国家高校办学自主权的差距也表现于此。最后，健全与《高等教育法》相配套的法规、政策。《高等教育法》在规定高等学校办学自主权时，用了"依法"、"按照国家有关规定"等条件性语言。建议完善与《高等教育法》配套的法规、政策，使落实高校自主办学权有法可依。

2. 区分高等学校内部事务范围，采行不同的决策机制

高校的内部事务有政治事务、学术事务与行政事务之分。对于不同的内部事务，宜根据事务性质的不同，由相应的自权决策主体或受权决策主体采用不同的决策机制。我们认为，理想模式是政治事务由党委会决策，行政事务由校长及校务委员会决策，学术事务由教授委员会等学术组织决策。

党委会在我国高等学校的领导地位已经获得了《高等教育法》以及党内法规的确认，它是保证高校社会主义办学方向的制度设计。在高校内部体制中，党委会是最高决策机构，但并非所有事情都要拿到党委会决策，其主要就涉及高校办学方向的重大战略问题进行决策。"在现实中，这并不是已经解决得很好的问题"（叶澜，2000）[11-15]，仍存在划不清哪些问题在党委会决策、哪些问题在校务委员会或校长办公会决策的界限的情况。为避免这种情况，应从根本上规范党政关系，合理划分各自的边界，确保决策的质量和效率。党委决策机制的特点在于：决策事项是重大战略问题；决策目标是符合社会主义办学方向；决策方式采用民主集中制，民主色彩更为突出，按少数服从多数原则做出最终决定。

校长处于高校行政权力金字塔之顶，其负责执行党委会以及教授委员会的决策。在执行过程中，有时也需要根据授权，做出二级决策。校长决策机制的特点是：决策事项通常兼有行政事务与学术事务的特性，而以行政事务为主；决策目标是在法律规定的办学自主权范围内，保证和提升教学、科研与社会服务的质量和效益；决策方式虽然也采用民主集中制，但集中色彩更为浓厚，校长可以在校务委员会或校长办公会充分讨论的基础上，拥有较大的决定权，这也是行政权力更强调效率所要求的。

教授委员会等学术组织应当就学术事务行使决策权。教授委员会决策机制的特点是：决策对象是学术事务；决策目标是追求真理和正义标准；决策方式上，虽然教授委员会形式上是一个合议制的机构，但其中在特定议题上相关学术造诣深的成员更具有发言权。

无论是上述哪种决策机制，都需要有法律和法规等制度加以保障。这里应该强调的是，作为高校"宪法"的大学章程的保障作用尤为突出。各高校有必要在所制定的本校章程中，就上述各项决策机制做出明确而具体的规定。

3. 充分发挥学术组织尤其是教授委员会的作用，加强学术权力

长期以来，受传统的计划经济体制和高度集中的政治体制的影响，我国高校学术权力与行政权力严重失衡，表现为高校权力配置"官本位"、"行政化"，学术权力被淡化，"教授治学"停留在口头上。权力均衡程度受制于高等学校内部管理体制，"现行大学管理体制最大的弊端是行政权

力与学术权力失衡"。"大学与一般社会机构的不同之处在于，它是个学术性组织，其教学和科研都属于学术型事业，其管理也必须按照教育规律来培养人才，按照科研规律来开展科研工作。最重要的是，要由掌握规律的人员来运作。"（潘懋元，2003）只有保持大学的学术性，充分发挥学术委员会等学术组织的作用，加强学术权力，大学的功能才能得以有效发挥。

改革开放以来，我国高校的学术权力开始受到关注。《高等教育法》明确了学术委员会的性质和功能，其第四十二条规定"高等学校设立学术委员会，审议学科、专业的设置，教学、科学研究计划方案，评定教学、科学研究成果等有关学术事项"。学术委员会一般由高等学校各有关学科、专业的资深专家、教授组成。学术委员会在教学、科学研究方面成为学校的咨询机构和审议机构，可以为学校在这些方面的科学决策提供保证。由教授为主体组成的学术委员会，作为学术咨询机构和审议机构，是行使学术权力的主要学术组织。在我国，行使学术权力的组织还有：学位委员会、教学委员会、教师专业技术职务评审委员会、教材委员会、图书情报委员会等。由于这些委员会与学术委员会并行，所以我国高等学校的学术权力是以学术委员会为主体的一主多元权力组织模式。加强高等学校的学术权力，应以前述第二章建立学术权力主导的教授委员会制度为长远目标，从以下几方面入手。

第一，从我国高等学校的实际出发，借鉴发达国家高等学校行使学术权力的成功经验，选择适合不同层次、不同类型高等学校的学术权力组织模式。一种是学术委员会一元权力组织模式，学术委员会是高等学校的最高学术权力组织，行使学术权力。学术委员会下设若干学术组织，如教学委员会、教师专业技术职务评审委员会、教材委员会、图书情报委员会等，分别行使某一方面的学术权力，对学术委员会负责。发达国家多采用这种模式，如法国高校的学术权力机构是咨询委员会，由科学委员会、大学学习和生活委员会等组成。德国高等学校评议会中通常设立一些专门委员会处理不同领域的事宜。（张德祥，2002）[114-121]学位委员会由于受政府学位委员会和学校双重领导，不仅仅是学术权力组织，更重要的是也具有行政职能。有些国家，如法国，将学位授予权规定为政府权力。所以学位委员会不宜作为学术委员会内行使某一方面学术权力的组织。另一种是以学术委员会为主体的一主多元权力组织模式。就我国高等学校的现状来看，今后一个时期，绝大多数高校加强学术权力的任务是建立和完善一元多元的学术权力组织模式，少数高校可以进行一元学术权力组织模式试点，不宜一刀切。采用哪种模式，由学校自己决定。

第二，不论采用哪一种学术权力组织模式，其人员组成须体现三条原则：（1）所有学术权力组织都以教授为主体，教授要占较大比例；（2）有些组织可以吸收行政人员和学生参加，这也是一个趋势；（3）校长或副校长担任学术委员会主席，这是发达国家高等学校的经验结晶，这样做有利于学术权力与行政权力协调，有利于贯彻学术权力组织的决议，有利于学术权力组织的咨询意见被学校采纳而付诸实施。实行一主多元的组织模式，其学术组织的负责人可由教授副校长担任，便于与相关行政权力协调。

第三，明确学术委员会等学术组织的性质和职权范围。《高等教育法》规定的学术委员会为"咨询机构"和"审议机构"（劳凯声，1999）[269]，其审议内容为"学科、专业的设置，教学、科学研究计划方案，评定教学、科学研究成果等有关学术事项"。随着《高等教育法》的贯彻落实，学术委员会等学术组织的活动应该包括咨询、审议、决策。日本国立和公立高等学校的评议会有权决定学校一切重大事项，包括选举校长（须经文部省任命）、任用各类人员、制定校规、编制预算、确定招生计划、设置课程等。从法律规定看，评议会是审议咨询机构，处于协助校长管理学校的位置。但有些学校把评议会的性质由"审议"改变为"决议"，这样评议会就变成大学内的立法机构和监督机构，校长只是执行评议会的决议。（张德祥，2002）[123]我国高校加强学术权力不能照搬外国的模式。事实上，我国相当多的高校学术委员会已经有了"决策"职能，科研课题评审立项、科研成果奖评审、教学成果奖评审等学术性质特别强的活动，经学术委员会等学术组织通过后，形成"决议"，党委和校长（或校长办公会）都不再研究审批，这是高等教育内部关系规律在起作用。发挥学术委员会的作用，加强学术权力，可以把学术委员会等学术组织审议的事项分为两类：一类为咨询、审议事项，包括学校发展规划、院系学科专业设置、专业建设规划、科学研究规划、教学计划和课程设置等。这类事项经学术委员会等学术组织审议后要经校长办公会研究决策后生效。另一类为审议、决策事项，包括年度科研课题立项、教学研究课题立项、教材基金项目审定、科研成果奖评审及教学成果奖评审等。这类事项经学术委员会等学术组织审议后，形成决议，不必再经校长办公会研究批准。很显然，在这类事项上，教授、专家更具权威性。学术委员会等学术组织的职能范围，在高等学校内应以规章的形式确认下来，制定《学术委员会章程》等学术组织章程，照章行使学术权力，经过若干年的实践，再以法律形式确定下来，给学术权力以应有的地位。

第四，学术委员会等学术组织的活动要有规则。活动要有议事规则，更重要的是活动规则。学术组织要定期活动，凡是应该由学术组织审议的事项，必须经学术组织审议。座谈会是教授等学术人员参加决策的一种形式，目前高等学校多采用这种形式，发挥通报情况、"知情""参政"的作用。但这不应成为学术人员参与学术决策的主要形式。这种形式也具有随意性，表现为内容的随意性和方式的随意性，都不利于真正发挥学术权力的作用。有了《学术委员会章程》，确定审议事项范围，又明确议事规则，教授等学术人员行使学术权力就有了制度保障，学术权力就可以在民主与法制的轨道上运行。

以上论述的定组织、定人员、定职责、定规则，是加强学术权力、发挥学术权力作用的关键。"四定"有机统一，缺一不可。不论采取哪一种学术权力组织模式，都应按照"四定"，用制度来规范学术组织的活动，发挥学术人员的作用。当前最为关键的问题是：提升教授委员会的地位，并强化其决策功能，达到教授治学的目的。学术事务是高等学校的重要事务之一，学术组织决策是高校决策不可或缺的重要方面。现行学术组织的作用范围仅仅限于学术事务，近年出现的教授委员会具有制度创新的意义。但制度设计之初，大多数高校的教授委员会其功能表现在两个方面：一是对院系学术事务的决策；二是对院系非学术事务的审议与咨询。高校通过教授委员会章程对其职责作了具体规定。现行的这种院系教授委员会功能定位是与其作为现行高校学术体制相适应的，其功能突出了咨询而淡化了决策。与党委会决策、以校长为首的行政系统决策的现状相对应，我国存在着学术权力与行政权力配置失衡、学术组织决策功能薄弱的状况。整合学术组织，强化教授委员会的决策功能，是完善高校决策体系的重要内容。长期以来，我国高校从理论和实践上都视教授委员会为一般意义上的治学组织，将教授委员会的作用范围界定在学术事务上。这就"难以真正形成对高校内部行政权力的有效制约，难以保障学术权力主导在高校的实现"。"我国高校建立教授委员会的初衷在于彰显学术权力，力图改变行政权力主导的局面，而仅仅将教授委员会的作用范围界定在学术事务上，不管其权力有多大，都不可能改变行政权力主导高校内部整体决策的局面。换句话说，如果教授委员会局限于治学，仅对学术事务有决策权，而有关高校发展方向、战略、人事、经费等重大事项仅由行政人员决定，高校学术权力主导也就难以实现。"（毕宪顺，赵凤娟，甘金球，2011）[45-50] "教授委员会在本质上是治校组织。"作为办学理念，教授治学替代不了教授治校；作为办学实践，在教授治校理念的基础上推进教授治学，再由教授治学趋向教授治校，这是我国高校的理性和战略选择。（毕宪顺，2011）[65-71]

4. 建设职业化的管理队伍，尤其要强化校长的作用，规范行政权力

"正如高深学问的发展需要专门化一样，在学院或大学的日常事务方面也需要职能的专门化。"行政权力作为制约学术权力的一支重要力量，其队伍建设势必影响到学术权力的发挥正常。建设职业化高校管理队伍，首先要转变观念，树立"管理就是服务"的思想。高等学校事务主要是学术事务，其行政系统和专职行政人员开展管理活动，都是为了保障和促进学校的教学和科研水平的提高，实现高等学校的教育目的。行政人员要摒弃"官本位"思想，淡化领导和指挥意识。其次，建设职业化高校管理队伍，要做好高校管理人员的培训工作，建立培训制度，使他们掌握教育管理的专业知识，掌握现代化管理手段，树立为教学科研服务的管理思想。最后，建设职业化高校管理队伍，还必须实行严格的聘任制和职员制，建立一套关于高等学校管理人员选任、岗位职责以及考核内容等方面的制度体系。

在我国高等学校内部权力结构中，行政权力长期处于中心地位。借助等级森严的科层制执行体系，行政权力具有极大的刚性。因此必须制定相应的规章以规范行政权力，确立行政权力的行使范围和运作机制。首先要让行政权力不再主导重大学术事务的舞台。"学术系统是大学的核心和内在逻辑要求。"（"大学管理架构、运行机制改革与调整"课题组，2003）[16-19]为此，行政权力要交出原本不属于自己的那份权力，还学术事务的决策权于教授，这是提升学术权力、规范大学行政权力的第一要义。其次，要民主决策。在中国传统文化背景下，行政权力长期居高临下。在高等学校中行政权力不必张扬，那种决策民主化的行政权力更有利于与学术权力协调。因此，在高等学校行政管理决策中，应做到公开透明，对与学术事务密切相关的行政事务，"应建立以学术权力为主导的管理机制，其中行政权力的存在与行使，是为了保证学术活动的正常、健康、顺利进行。因此，在学术权力与行政权力的相互关系中，学术权力必然占据主导地位，而行政权力是服务于学术权力的；行政权力作为一种行政力量也只有与学术权力相结合，才有可能被认同并接纳，否则很难产生积极的效果，这也是大学不同于政府的一个重要方面"（黄国铭，2008）[8-10]。

校长在高校中的作用主要有三方面：一是引导作用，二是凝聚作用，三是协调作用。高校的组织特性决定其内部存在二元权力结构，二者的矛盾和冲突贯穿于高校的整个运行过程中。依照现行《高等教育法》的规定，作为权力代言人的校长在高校中集两种权力于一身，既扮演着学术角色，也扮演着行政角色。"作为学术组织的最高行政长官，大学校长其内部管理的一个十分重要的任务，就是处理好以自己为代表的行政权力与学术权力尤其是教授团体拥有的权力的关系。运用好这两种权力，使它们均能根据学校的使命和目标各得其所，各显其长，各尽其能，各司其职，以达到大学内部的高度协调。"（眭依凡，2001）[7-11]大学校长的办学理念、教育思想、权力观、工作背景对平衡高校两大权力系统，协调二者关系，整合不同群体利益，都起到关键性的作用。蔡元培"有容乃大，兼容并包"的办学思想和教授治校的管理理念为旧北大的成功改造做出了不可磨灭的贡献，他的思想成为学术自由的典范，一直影响着北大的建设，以后蒋梦麟、梅贻琦等几位校长坚持了学术自由原则，成为中国卓有建树的大学领导人。以往我国大学校长在大学自主办学中的作用发挥不明显，在领导体制中，党政职能划分不清，党委做了许多应该由校长做的事，校长在高校组织中的核心地位得不到保证。在原有教育体制和管理体制的影响下，校长长期偏向行政管理，形成惯性思维，忽视学术权力地位，因此，在新的制度改革要求下必须克服这种弊端。在当前我国高等学校实行党委领导下的校长负责制的领导体制下，需要强化《高等教育法》明确赋予校长的六大方面的职权。根据《高等教育法》和我国高校实际，校长的六项职权应作以下展开：讨论决定教学、科研和行政管理工作中的有关事项；拟订学校发展规划，制定具体规章制度和年度工作计划并组织实施；根据社会需求，依照国家有关规定，制定学科建设、师资队伍建设方案，组织教学活动和科学研究，开展对外交流与合作办学，实施素质教育；拟订内部行政组织机构设置方案，按有关规定推荐提名副校长及内部行政组织机构负责人人选；依法聘任与解聘教师以及内部其他工作人员，依法对学生进行学籍管理并实施奖励或者处分；主管学校财务工作，拟订和执行年度经费预算方案，保护和管理学校资产，维护学校的合法权益；定期向上级和教职工代表大会报告工作，实行校务公开；代表学校与各级政府、社会各界和境外机构签署有关合作协议，接受各种捐赠；等等。（毕宪顺，2011）[65-71]

突出校长在行政管理中"一把手"的角色。强化校长在平衡学术权力与行政权力中的作用，以协调行政权力和学术权力。首先是实现"党政分开"，使校长真正能够履行自主办学的职能。其次，改革校长的产生方式。"校长的遴选方式应是自下而上，从学术组织内部民主产生。……按照该原则遴选的校长，应当主要是向下负责，要代表全校师生员工的利益。校长一方面要充分调动学校各方面的积极性，特别是运用学术权力治理学校；另一方面作为学校的法人代表，面向社会自主办学。"（魏传立，2007）[48-50]最后要提高校长的素质。校长应该有独特的办学风格，具有海纳百川的宽广胸怀，具有极强的号召力和凝聚力，校长不仅应是个学者，更应是教育、管理方面的行家里手，能够深刻理解教育本质和办学规律，具有审时度势的能力和开拓创新的精神和勇气，找准学校发展的主要矛盾，用自己独到的办学理念办出特色大学。

5. 建立二元权力耦合模式，整合学术权力与行政权力

耦合，是一个物理学概念，是指两个或两个以上的体系或两种运动形式之间通过各种相互作用而彼此影响以至联合起来的现象。将耦合概念运用于高等学校的学术权力与行政权力，旨在寻求适合不同高等学校特点的最佳联合方式，建立有效的二元决策模式。在高等学校，学术权力与行政权力的目标是一致的，都是为了保障决策和运行符合教育规律，实现高等学校的任务和功能。二者只是规范的内容不同、权力主体和活动方式不同。有机耦合学术权力与行政权力，可以产生良性互动，起到协调动作、放大效果的作用。

学术权力与行政权力耦合，不考虑人为的因素，有三个变量。第一个是学校办学历史长短以及所形成的办学理念，第二个是学校办学层次高低和学术权力所发挥的作用大小，第三个是学校行政管理的现状和管理理念。一般情况下，办学历史愈长，办学层次愈高，行政权力愈规范，学术权力发挥的作用愈大，其学术权力与行政权力配置较为合适。当然，也有学校由于有先进的办学理念作指导，办学历史短而发展迅速，学术权力发挥作用较大，办学层次较高。也有学校办学历史悠久，办学层次较高，但"行政化"倾向较严重，仍存在着学术权力与行政权力失衡现象。

考虑到三个变量，学术权力与行政权力耦合主要有三种模式：（1）二元权力分离、适度渗透模式。学术权力与行政权力分别行使，学术组织行使学术权力可以吸收少量行政人员参加，行政组织行使行政权力可以吸收少量学术人员参加，以实现学术权力与行政权力的有机结合。（2）二元权力渗透、学术权力主导模式。不明确区分学术权力与行政权力职能，一个管理组织（或虽是多个管理组织但在一个强有力组织领导之下）既行使学术权力，也行使行政权力，体现教授治校，学术人员占主导地位，对决策影响大。（3）二元权力渗透、行政权力主导模式。不明确区分学术权力与行政权力职能，一个管理组织（或虽是多个管理组织但在一个强有力组织领导之下）既行使学术权力，也行使行政权力，行政人员占主体，主导权力运行，对决策影响大。我国高校的学术权力与行政权力运行，多采用后一种模式。高校内部管理体制改革的取向是，区分不同学校类型，考虑到不同高等学校的现状或起点，选择适合各自管理特点的二元权力耦合模式，实现学术权力与行政权力的有机结合。

建校历史长，学术权力发挥作用较大，行政管理规范，办学层次高的高等学校可以选取二元权力分离、适度渗透模式作为改革目标，以规范行政权力，加强学术权力，促进二元权力有机结合。此类高等学校包括研究型大学和部分设有研究生院的教学科研型高等学校。这种耦合模式有三个特点：学校重大事务由党委会集体决策，由校长为首的行政系统执行；学术政策的制定由以教授为主体组成的学术委员会等学术组织决策或审议；学术权力与行政权力互相制约，互相配合，校长既是学校的法定代表人，行使行政权力，又是学术组织负责人，起到沟通、协调、贯彻、执行的作用。

建校历史较长，学术管理有一定基础，行政管理比较规范，办学层次较高的高等学校可以选取二元权力渗透、学术权力主导模式作为改革目标，以规范行政权力，加强学术权力，促进二元权力有机结合。此类高等学校包括部分教学科研型高等学校和以本科教学为主兼有研究生培养任务的高等学校。这种耦合模式有三个特点：学校重大事务由行政权力和学术权力共同决策；二元权力渗透不仅是人员的渗透，更重要的是职能的渗透，分工不甚明确；校长的作用很大，行使学术权力和行政权力，教授占主体。

建校历史较短，目前的管理主要靠行政权力，学术权力相当小，从事本专科教育，科研实力较弱，学校工作以教学为中心的高等学校可以选取二元权力渗透、行政权力主导模式作为改革目标，以规范行政权力，加强学术权力，促进二元权力有机结合。此类高等学校包括一些多科性学院、单科性学院、普通专科学校和高等职业技术学院。这种耦合模式的特点是：学校重大事务由行政权力和学术权力共同决策；学术权力与行政权力没有明确的分工，主要依靠行政人员行使行政权力决策，教授有限参与行使学术权力，校长权力较大。

关于高等学校的权力，《高等教育法》有明确规定。概括地说，我国高校党委、校长以及学术组织的决策事项可以分为如下三类二十四项。

行政权力决策类：（1）招生计划与方案；（2）年度工作计划；（3）管理规章制度；（4）科研开发与技术服务；（5）基本建设规划与年度计划；（6）内部组织机构设置方案；（7）人员调配与人事任免事项；（8）对外合作与交流项目审定；（9）国有资产管理；（10）年度财务经费预决算；（11）校办产业发展计划与年度经济活动；（12）学生奖惩与思想品德教育。

行政权力决策、学术权力咨询审议类：（1）学科设置与调整，重点学科建设；（2）专业设置与调整；（3）教学活动的组织，教学大纲的审定与专业、课程建设；（4）教材的编写与审定；（5）师资队伍建设的意见与政策；（6）教师与专业技术人员的聘任与奖惩；（7）校内津贴与职工福利政策；（8）学校发展战略与规划；（9）涉及学校发展的重大经济活动；（10）重要人事任免事项。

学术权力决策类：（1）教学研究课题的审议、立项与教学成果奖的评定；（2）科学研究课题的审议、立项与科研成果奖的评定。

综上所述，我国学术权力与行政权力配置的改革趋势应为：第一，规范行政权力决策、学术权力咨询审议事项，发挥教授为主体行使学术权力的作用，高校教学、科研等重大事项决策前，先由学术权力履行咨询、审议职能；第二，学术性特别强的活动可赋予学术组织决策职能，最大限度地发挥学术组织的作用，尽管《高等教育法》没有明确此项职能；第三，不同的高校采取不同的学术权力与行政权力耦合方式，不同的耦合方式可对三类决策分工进行符合学校实际的调整，但应以规范行政权力、加强学术权力为着眼点，促进高校决策科学化、民主化；第四，作为全国高校改革的走向，目前先以加强学术权力为基础，从二元权力渗透、行政权力主导向学术权力主导转变；而后，从二元权力渗透向二元权力分离过渡；最终实现二元权力分离、学术权力主导的权力格局。

（二）执行权：高等学校内部分层管理机制

目前，我国大学校、院、系的直线职能式组织结构，基本上属于行政系统和生产企业沿用的科层式管理体制。这种以"贯彻执行"为主要内容的行政管理体制，用来管理谋求研究创新和高学术水平的大学就显得很不适应，其结果往往和预期目标相差甚远。我国高校在内部管理能级方面，也存在教育行政体制的集权现象，权力集中在学校一级，学院、系的权力弱化。"高等学校内部纵向层面权力集中在学校一级，与横向层面集中于行政权力是一个问题的两个方面，这一个问题就是集权，行政集权、学校集权。这两个方面又是互相联系、互相影响、互相制约的。"（毕宪顺，2006）[122] 从高等教育规律来看，学术权力基础在底层，学术权力愈大，底层权力愈大。教育水平较高特别是实行讲座制的高等学校，底层学术权力特别大。我国高等学校由于行政集权，院、系权力很小，甚至有的高等学校院、系根本谈不上拥有行政权力和学术权力。构建和完善高等学校内部管理体制，必须合理划分学校权力与院、系权力，逐步下放权力，调适和健全校、院、系运行机制。

1. 实行分层管理的必要性：权力重心过高

目前我国高校大都进行了校、院、系管理体制改革，一般规模较大或学术水平较高的大学普遍实行"校—院—系"三级管理。从外在形式来看，这种管理体制是适应我国高校特点的。但在实际运作过程中由于其机制不完善而使内涵发生了实质性的偏移，大多数学校暴露出管理重心过高，权力集中于校级决策层及其职能部门，学院丧失主体地位，事权和人、财、物权的严重失衡等问题，导致基层政策资源的枯竭，调控手段的削弱和积极性的下降。权力过于向顶层偏移势必会导致权力丢失，即学校原有的集中管理权力失灵，而学院的统筹能力又相对薄弱，出现学校和学院都管而又都不管的情况，使基层无所适从。"如果学校权力过于向行政管理偏移，势必削弱学术权力，高校学术群体特别是教授们在决策中的权威作用会受到忽视；权力过于向上集中，就会形成倒金字塔式权力结构，使基层的自主权受到限制，因而抑制了基层创造性的自我发挥。"（谢安邦，阎光才，1998）[23-27] 随着高校办学规模的扩张，学科的日益综合化、高校自主权的扩大、办学体制的多元化等发展要求，高校内部权力结构的调整势在必行，这是高校内部管理体制改革的基本方向。分层管理改革是实现权力结构优化调整的必经之路。分层管理制度，使原来的校、系二级管理体制变为校、院、系三级管理体制，权力重心下移，突破校级集权的模式，扩大中下层自主权，最根本的就是要实现以学院和研究所为管理实体，使学院成为层级管理的重心。

2. 合理划分校院系三层次的管理权限

既然推行校院系三级分层管理，就应明确界定各层次之间的权力界限。有人提出，"校、院、系的基本职能定位在确立三个中心：学校成为'决策中心'，学院成为'管理中心'，系（所）成为'质量中心'"（张月铭，2002）[21-23]。这是学术界关于校、院、系三层次职能分配和权力范围较具代表性的观点。在分层管理体制中，学校应将一定的权力下放给学院，学校层次主要围绕国家的教育方针和政策，制定相应的整体发展规划和办学思路，通过宏观调控，指导和协调各级关系，成为"决策中心"。学校要形成科学决策、规范管理、有效监督的机制，学校的决策肯定要影响到学院，职能部门的作用就显得十分重要；要明确划分学校与学院的管理权限，学校不能干涉学院的内部事务，一般采取目标管理责任制形式，但学校并不是不管，在权力下放的同时，学校需要建立有效的监督机制，保留一定的决策权和审定权，甚至必要时收回部分授权，防止学院自主权过大后，各学院各自为政，引起"诸侯割据"的倾向。在对学院进行放权、授权的同时，必须建立相应的权力监督与制衡机制。

在管理方式上，学校应当由直接行政管理、过程管理转变为目标管理、过程监控，以保障学校整体目标的实现。系（所）是大学组织的最基本的教学和科研单位，主要职责是提高教学质量和科研水平，最后归结为提高学院的教学、科研的整体实力，因而不具有行政管理职能，以学科和职能作为划分依据，成为"质量中心"的定位比较合适。从本质上说，学院是大学赖以存在和发展的基础，也是管理的基本网络和学校的基本生态。实行分层管理，把管理重心下移至学院。学院一级是大学内部拥有一定权力和职责的独立实体，根据学校的政策与规划，主要负责本学院的教学、科研和人事、财务等行政管理，是学校的"管理中心"。

在基层院（系）设立教授委员会，实行教授委员会决策基础之上的院长（系主任）负责制。教授委员会由院（系）全体教授组成或选举产生，改变过去院（系）事务由几个人决策，缺乏权威性，不担任院（系）领导的教授无权参与管理的状况。教授委员会应成为决定院（系）发展规划和教学科研组织形式，决定学科建设、专业发展，进行教师队伍建设、职称评定、教师聘任，制订教学计划，设置课程以及自主支配经费使用的决策机构。院长（系主任）只是以个人身份参加教授委员会，院（系）行政的职能在于执行教授委员会的决策；院（系）党组织参与决策，行使保证监督责任。这里要明确教授委员会同与院（系）已有学术组织的关系，避免职责重叠。"应将各学术组织整合起来，构建以教授委员会为核心的院系学术组织框架，并对其单位划分、层级结构、责权关系、协调机制等进行整体统筹安排，以增强集体威信，发挥整体效应。"（姚剑英，2007）[30-32]

3. 分层管理的关键在于权力重心下移

从理论上讲，高等学校是一个以学科、专业为基础的"底部沉重"的学术组织，教育教学、科学研究和社会服务等职能活动都是由广大教职员工在基层进行，基层自主权是高校各种职能健康发展、顺利进行的重要前提。在高等学校，行政权力的重心在上，自下而上，行政权力越来越大，到系一级基本上就没有了；而学术权力的底座应在院系，自上而下，越往下，学术权力越大。实际上，我国高校内部权力结构的显著特点是：位于上端的行政权力膨胀，基层学术权力式微，二元权力分配不均衡，形成倒金字塔式权力结构。

需要特别指出的是，我国高等学校纵向校、院（系）、系（学科部、研究所）设置并不一致，大部分学校是三级设置，少部分学校是两级设置。但不管是三级设置还是两级设置，其学术权力与行政权力均呈现非对称性，即学术权力存在校、院（系）、系（学科部、研究所）三级设置，行政权力存在校、院（系）两级设置，学科部（研究所）只行使学术权力。基于我国高校权力结构的特点与现状，在实行分层管理改革的过程中，存在二元权力的垂直分配。目前，高等学校内部下放权力，主要任务是下放教学权、科研权、人事权、财权等权力。（毕宪顺，2004）[30-36]

管理重心下移至学院以后，还存在一个权力二次下放的问题，这主要集中在学术权力方面。因为学术的主体在系，应该说，越在基层组织，学术权力相应越大。学院应赋予系以相应的学术权力，增强教师群体对学校、对学院的归属感与认同感，充分发挥教师主体在办学中的主观能动性。教师尤其是教授是系教学、科研活动的主宰，只有他们在系组织内发挥主观能动性，有充分的机会去施展才能，才有利于系的学科建设，从而有益于学院发展目标的实现。通过权力的调整，必然会引起校、院、系及教师对教育资源控制程度和控制方式的变化。因此，改变它们之间的依赖关系，建立激励机制，追求学术自由和创新，以利于提高学院内成员的工作绩效和组织向心力。

4. 实行分层管理应注意的问题

分层管理是根据组织管理学理论，在高校实行分权和集权相结合的领导管理体制。"高等学校的结构重在基层，它特别依赖于下层释放能量。"（夏托克，1987）[28]分层管理可以缩小管理跨度，降低高校中教学、科研管理的重心，分散校级领导办学的压力，增强中下层自主适应能力，激发各个不同层次的积极性和创造性，使基层能量充分释放。

实行分层管理，学院在管理权限上应当有较大的自主权，成为集教学、科研、人事、财务等权力于一身的实体性机构。与此同时，学院必须接受学校政策、机制、价值取向等一整套"游戏规则"的制约。"只注重权力中心的下移，有可能出现学校整体控制的失灵，基层各自为政，资源重复配置、利用率低下的现象。"（谢安邦，阎光才，1998）[23-27]在管理重心下移至学院的同时，要反对固守学院利益、不顾学校大局的倾向，把握好集权与分权的度，坚决维护学校整体利益。分层管理的运作模式从管理有效性原则来看，在综合性大学中应实行实体型模式，即在学校的统一规划和领导下形成相对独立的办学实体，合理划分学校与学院的权责关系。权力结构与运行机制的调整必然会引起校、院、系及教师对教育资源占有程度和方式的变化，并因此改变它们之间的依赖关系。所以，应由学校整体规划，明确发展的重点和发展的基本策略，实施宏观调控，协调和理顺各学院间的关系，以打通彼此的界限。同时，要正确处理好学校与学院的关系，既要重视增强学院的办学活力，更要淡化学院的"独立"意识。

另外，高等学校还应处理好行政职能部门和学院之间的关系。学院既是一级行政单位，又是一个学术单位。它与职能部门这样纯行政单位不同的是，职能部门只存在一种权力结构，而学院既有行政结构又有学术结构；而且从学校内部来说，职能部门主要体现为"行政导向"，而学院一级主要体现为"学术导向"。因此，在处理职能部门与系一级的关系时，不能简单地把职能部门看做"管理者"，把学院看做"被管理者"；把职能部门看做指挥者，把学院看做"生产车间"。学校各个职能部门必须转变传统的管理模式，从直接控制转变为加强检查、监督和协调、服务。

具体到每所高校，关于校、院、系三级各应有哪些权力，如何协调校、院、系三级的行政权力和学术权力，要根据各学校的办学特点、规模大小和历史传统等实际情况来决定。

（三）监督权：高等学校内部监督机制

监督是为了权力更好地运行。绝对的权力导致绝对的腐败，也就是说，失去了监督和制约的权力最终会走向腐败。高校政治权力、行政权力运行是如此，学术权力运行也是如此。一个科学的决策要想有效，必须有健全的决策系统、执行系统、监督系统，形成决策—执行—监督既相互制约又相互协调的权力运行机制。民主监督机制是高校内部权力运行中不可或缺的组成部分。教职工代表大会是高等学校民主监督与权力制约的基本形式。为此，完善教职工代表大会制度，构建以教代会制度为基本形式的高校内部民主监督机制，强化高校内部民主监督，是确保高校内部权力正确行使的迫切需要，也是建立现代大学制度的本质要求和基本保障。因此，监督机制是高等学校权力运行系统中不可或缺的重要组成部分。从管理学的角度看，一个完整的管理系统应包括监督，这样从决策出发，经过指挥执行，再经过监督构成一个完整的闭合系统。从政治学的角度看，任何权力都需要有制衡，缺乏制衡的权力都有可能走向异化。因此，在高等学校有必要也有可能建立良好的监督机制。随着高校规模扩大，办学形式多样，经费迅速增长，高校领导干部处置人、财、物的权力越来越大，以权力运行监督为重点，推进适合教育规律与特点的惩治和预防腐败体系建设，构筑起阻断权力寻租的"防火墙"，保障高等学校科学发展，是高校党风廉政建设的重大课题。

监督机制的良好运作，必须有一个科学合理的监督体制为前提。前已述及，在当前形势下，我国应当构建以教职工代表大会制度为主要内容的内部监督体制。同时，着力从以下几方面完善内部监督机制。

1. 加强党内监督，提升党内监督水平

一是要强化党员领导干部廉洁自律要求。党内监督是权力运行监督机制的核心。党员领导干部的自我监督是最积极、最有效的监督，也是做好组织监督、群众监督的基础。要巩固和扩大"三讲教育"、"权力观教育"、"先进性教育"和警示教育的成果，建立党员领导干部廉洁自律教育的长效机制，努力增强抵御各种腐朽思想和生活方式侵蚀的能力，牢固树立思想道德防线和党纪国法防线。二是要贯彻落实《党内监督条例》，把握重点，完善制度。主要包括：贯彻民主集中制，执行集体领导和分工负责制度，保证学校各项决策的民主化、科学化；执行民主生活会制度，加强校级班子成员之间、处级班子成员之间的相互监督；执行述职述廉等制度，强化领导干部廉洁从政意识，接受群众监督；执行谈话和诫勉制度，发现问题，早打招呼，使干部少犯错误；执行重要情况通报和报告制度，保证党员和群众的知情权；执行询问和质询制度，加强对各项决议、决定执行情况的监督；执行罢免或撤换制度，保证党员、干部对处级以上干部任用的监督等。还应建立监督失察追究制度，一旦发生问题，要对负有党内监督责任的主要领导进行相应的处理；建立党内监督激励与惩处机制，对于在决策和执行等各个环节中，依靠正常组织程序提出不同意见的同志，以及敢于对领导在思想、作风、工作等方面存在的问题提出批评的同志，要予以表扬；反之，对于领导班子中不按制度办事，未认真考虑不同意见，甚至排挤、压制不同意见，致使决策失误，产生腐败，给党和国家造成重大损失的同志，要给予党纪处分等。三是要充分发挥纪委的监督职能，加强监督检查。要督促各级党员领导干部特别是处级以上领导干部带头增强纪律、法制观念，模范遵守党纪党规和法律法规，自觉接受组织和群众的监督，自觉做到依法办事，廉洁从政；督促学校各级党组织对照《党内监督条例》认真查找自身存在的突出问题和薄弱环节，采取切实措施，加强对权力运行的监督制约，防止权力失控、决策失误和行为失范。

2. 强化行政监督，促使干部勤政廉政

行政监督是权力运行监督机制的保障。行政监督主要通过监察部门、内部审计部门和财务部门依法对校内职能部门、基层单位以及工作人员的行政行为进行的监督。一是要充分发挥行政监察的监督作用。监察部门应把重点放在廉政监察和效能监察上，采取教育与惩处相结合，事前、事中监督与事后监督相结合的方式，对学校各职能部门及其工作人员、各院系及其由学校任命的负责人实施廉政监察。把招生、收费、文凭发放、预算外资金、基建工程和招标采购、人员招聘、职称评审、后勤及校办产业等工作列为重点监督的内容，做好全程监督，同时开展效能监察，避免由于管理不当和效能低下而造成损失。二是要强化内部审计的监督作用。高校内部审计部门具有监督、管理和服务职能，它不仅在检查、监督财务部门和经济责任人方面发挥作用，还可以着眼于学校的全局，在规范和制约权力运行、遏制和防范腐败方面发挥重要的作用。通过审计调查，防止和纠正乱收费行为，及时发现并纠正截留、挤占、挪用教育经费问题；通过加强对重点部门、重点项目、重点资金的审计监督工作，保证资金合理、合法和有效使用；通过开展领导干部的离任和任期经济责任审计，促使干部勤政廉政；通过配合纪检监察部门查办经济案件，保证学校党风廉政建设和反腐败工作顺利进行。三是要发挥校级财务部门的财务监督职能，规范校内经济活动。校财务处作为一级财务机构，负有对校内各单位一切经济活动进行监督的职责。财务部门应做好五个方面的监督：一是执行国家的收费范围和标准情况。财务处要定期审核各单位执行国家收费范围和标准的情况，监督检查有无擅自扩大收费范围、提高收费标准和自立章程乱收费的情况。二是银行账户的开立。监督检查校内二级核算单位，如后勤服务部门等单位银行账户的开立是否已报经财务处审核备案，各系、部、处、所等不具开立资格的部门和单位有无私自开立银行账户情况。三是收费票据的管理与使用。监督检查各单位使用的收费票据是否为财务处领取的专用发票，是否按期到财务处验收。四是收入上缴以及纳入学校统一管理的情况。监督检查各部门、各单位取得的各项收入，包括各类办学取得的学费、报名费，各单位经批准出租、出借学校房屋、设备、场地等设施而取得的收入，教学、科研人员的科研收入、技术转让收入、咨询服务收入，以及经济往来中折扣和回扣等收入是否按规定纳入学校统一管理体系，杜绝账外账和"小金库"。五是经费和创收资金的管理和使用。监督检查校内各部门、各二级单位校拨经费和创收资金的支出是否严格执行上级和校财务管理规定，是否严格执行"收支两条线"规定。

3. 深化民主监督，保证群众依法参与监督

民主监督是权力运行监督机制的基础。一是深入推行校务公开，切实加强民主管理与监督。二是充分发挥党风廉政建设监督员的作用。各高校

应注意吸纳责任心强、有一定群众威望的党外人士作为党风廉政建设监督员；建立党风廉政建设监督员工作制度，明确监督员的职责权限，为监督员充分发挥作用提供制度保证；要定期召开党风廉政建设监督员会议，增强交流和沟通，及时向他们通报学校党风廉政建设情况，主动征求他们的意见和建议，要为他们做好监督工作创造条件，以充分发挥其监督作用，推进学校的党风廉政建设。三是认真处理群众信访举报，接受群众监督。群众监督是监督体系中的一个重要组成部分，是主体最广泛的监督。就高校而言，信访和举报是群众参与监督的主要形式之一，因而认真对待和查处群众的信访举报具有重要的意义。要坚持认真接访、迅速查实、准确结论、依法处理、及时反馈的工作原则。要完善信访举报制度建设，建立健全有关领导亲自阅信和接待来访制度、责任追究制度、内部监督制度、协调制度、公开办理制度等，建立纪检监察与校信访办的联席会议等工作机制。要畅通信访举报渠道，营造良好的信访举报环境，要保护举报人的合法权益。通过查处群众的信访举报，可以将问题纠正在萌芽状态或为重大问题提供线索，发挥群众监督在权力运行监督体系中的作用。

教职工代表大会制度是高等学校民主监督的基本形式。我国高校教代会制度自 1979 年春在部分高校试点，迄今已有三十余年的发展历史。经过多年的发展，高校教代会制度逐渐形成了一些鲜明的特征，使教代会成为高校教职工参与学校民主管理和民主监督的一项最普遍、最基本的组织形式，成为我国高校内部管理中的一项基本制度。高校教代会制度具有基本的法律法规依据。一是教育法律依据，《教育法》第三十条规定"学校及其他教育机构应当按照国家有关规定，通过以教师为主体的教职工代表大会等组织形式，保障教职工参与民主管理和监督"。《教师法》、《高等教育法》中也有类似条款。二是行政法规，包括 1985 年颁布的《高等学校教职工代表大会暂行条例》，以及 2011 年 12 月教育部印发、2012 年 1 月 1 日起实施的《学校教职工代表大会规定》。该规定对高校教代会的职权、组织制度、工作机构等内容作了详尽的规定，是指导高校教代会制度的主要依据。三是学校规章，是指各高校根据《高等教育法》、《高等学校教职工代表大会暂行条例》和《学校教职工代表大会规定》的精神要求，结合本校实际制定的章程和教代会制度实施细则等。高校教代会制度具有广泛的代表性和充分的民主性。广泛的代表性是指教代会的代表由教职工以院、系、教研室或处、科室等为单位直接选举产生，他们来自于学校各个部门的各个层面，受所在部门职工的委托，代表部门职工的意志，维护部门职工的利益，体现了教代会的广泛代表性。充分的民主性是指教代会代表的选举、议题的提出和决议的达成等，都必须按照法律法规所规定的程序进行，广泛吸收广大教职工的意见，并贯彻多数原则。高校教代会制度具有系统的组织制度和组织机构。我国高校教代会制度在校一级有校教代会，许多学校延伸到了院系一级，推行了二级教代会制度，形成了教代会制度的系统网络体系。教代会还具有自己的工作机构，使得教代会不仅在会议期间能够进行民主管理和民主监督活动，而且在闭会期间也能经常性地开展工作，参与学校民主管理和民主监督，确保教代会做出的各项决议得到有效的落实。当前我国高等学校教职工代表大会制度尚不完善，性质模糊，监督乏力。教代会流于形式有多种原因：第一，教代会性质模糊。《高等学校教职工代表大会暂行条例》是以《通知》的形式由教育部和中国教育工会全国委员会颁布的，可以作为行政法规，它所规定的教代会的性质为"教职工群众行使民主权利，民主管理学校的重要形式"。正因为此，其只能作为"重要形式"而流于形式。《学校教职工代表大会规定》进行了修订，表述为"教职工依法参与学校民主管理和监督的基本形式"，这个表述还需要深入解读和完善。第二，教代会性质与职权矛盾。就性质而言，是教职工群众行使民主权利，民主管理学校的"重要形式"或基本形式，而职权中的"讨论决定"则意味着有决策权，"通过"和"决定"的事项具有强制性。第三，教代会权限设定太多，不符合高等学校实际。既不能把教代会变成权力机构，也不能把教代会等同于企业职工代表大会，而要根据高校的性质、功能和特点，建立与党委领导下的校长负责制领导体制相一致，以监督、参议行政权力为主要职能的教代会制度。以完善教代会制度为核心，强化高校民主监督，构建以教代会制度为核心的民主监督机制。建议制订与《学校教职工代表大会规定》相关的法规和规章，使教代会在法制的轨道上运行。

进一步明确教代会制度的性质和功能，给教代会性质、功能以准确的定位。"高等学校教职工代表大会是教职工群众行使民主权利，民主管理学校的重要形式"，"教职工依法参与学校民主管理和监督的基本形式"，作为"形式"，即便再重要、再基本，也只是形式。应明确教代会的参政议政和民主监督职能，凸显教职工参与学校事务和民主监督的主渠道作用。教代会的职能和作用属于群众监督，是带有制度和规则的群众监督。有了教代会的参政议政和民主监督的职能定位，其民主政治、民主监督、权益保护等功能方能相应显现。

高校内部民主监督的本质是以权利制约权力。这是因为，对高校教职工而言，其既是普通公民，又是履行教育教学职责的人员。作为普通公民，高校教职工享有法律规定的民主监督的基本权利；作为教育教学人员，高校教职工拥有《教育法》、《教师法》、《高等教育法》等教育法律法规所赋予的权利。《教师法》第七条规定，"教师通过教职工代表大会或者其他形式，参与学校的民主管理。"《高等教育法》第四十三条规定，"高等学校通过以教师为主体的教职工代表大会等组织形式，依法保障教职工参与民主管理和监督，维护教职工合法权益。"这一规定表明以教代会为组织形式进行民主监督是高校教职工的一项基本权利。《学校教职工代表大会规定》第三条明确了"学校教职工依法参与学校民主管理和监督的基本形式"，第七条规定了教代会的八项职权中诸如"提出意见和建议"、"讨论通过"、"评议"和"审议"，都包含着民主监督的内容。类似规定也出现在中央有关教育的重要文件中，如1985年发布的《中共中央关于教育体制改革的决定》明确提出，"要建立和健全以教师为主体的教职工代表大会制度，加强民主管理和民主监督"。在我国高校内部权力运行系统中，广大教职工正是通过《宪法》和相关教育法律法规所赋予的这些民主权利，以教代会为基本组织形式，实施对高校内部权力运行的制约。高校内部民主监督是通过这种"以权利制约权力"的模式实施权力制约的，其功能的有效性主要体现在广大教职工的权利对高校内部权力运行的制约程度上。（毕宪顺，赵凤娟，2009）[89-61]

完善教代会制度的内容，进一步明确和落实教代会的职权。发挥教代会的民主监督和制约作用，必须适应高校改革和发展的需要，从实际出发重新界定教代会的职权。计划经济条件下教职工关心的问题已发生根本变化，有的已随着市场化进程社会化了，有的已有明确的法律规范指明不需交教代会讨论，更有一些新的教职工关心且需要监督的问题相应出现。教代会内容的设计和规范要从中国高校的实际出发，围绕民主管理，突出民主监督，彰显职工意志。

制定教代会活动规则，创新教代会制度，还需要通过完善校务公开制度、创建民主评议领导干部制度、加强二级教代会制度建设等来实现。

4. 整合监督力量，发挥整体监督效能

监督系统中任何一种监督力量作用的发挥，都离不开其他监督力量的协助配合，因此，在规范高校权力运行、构建和完善监督制约机制的过程中，必须进行监督力量的整合，实现优势互补，形成监督合力，发挥整体效能。一是要加强统一领导、整合监督力量。高校要按照坚持党委统一领导，党政齐抓共管，纪委组织协调，部门各负其责，依靠群众支持和参与的领导体制和工作机制，把党内监督、行政监督、群众民主监督以及法律制度监督等相互衔接起来，形成全方位、多层次、网络化、共同发挥作用的监督格局。二是要建立监督制度体系。建立由纪委、监察处与组织部、人事处、审计处组成的党风廉政和行政监察联席会制度，建立由组织部、审计处组成的干部经济责任审计联席会制度，建立监督情况通报制度，建立监督工作检查考评制度等，进一步明确监督整合工作的组织领导、协调

程序、方法步骤和目标要求，使整合监督工作趋于规范化、制度化。三是高校纪检监察部门要主动做好组织协调工作。在积极向党委提出监督防范腐败建议的同时，要组织协调好校内各监督主体的监督任务分解，明确协作任务中的牵头部门与协作部门，定期组织联席会议，对监督工作情况进行督促检查，及时发现并解决监督中出现的管理权限不清、职责不明确等问题；同时加强与校外监督机关的合作，建立与地方检察机关共同预防职务犯罪的工作机制。（"天津市高等院校构建和完善反腐败机制有关问题"课题组，2008）[46-48]要积极探索高校纪检监察机构管理体制改革，试行高校纪律监察机构为地方党委派出机构的设置方式，适当扩大纪检监察机关的监督范围和权限，赋予其对同级党委重大决策的参与权、建议权、批评权，对重要干部任免的提议权、考核权、弹劾权和质询权，扩大并确保专门监督机构执行过程的相对独立性，真正落实有关法规赋予的对违法违纪线索的调查核实权、立案权和质询权。

5. 健全规章制度，确保权力有序运行

高等学校要按照"标本兼治、综合治理、惩防并举、注重预防"的战略方针，坚持改革创新、重点突出、统筹推进、重在建设的基本要求，大力加强制度建设，不断提高制度执行力，形成用制度管权、管事、管人，从源头上遏制腐败的长效机制，为学校科学持续发展提供制度保障。目前加强制度建设应从以下几方面着手：一是科学民主决策制度。坚持民主集中制原则，贯彻落实党委领导下的校长负责制，完善并严格执行议事规则和决策程序。坚持和完善重大决策、重要干部任免、重要项目安排、大额度资金使用等重要问题党委会集体决定的制度。对于专业性较强的重要事项，应经过专业委员会咨询论证。对事关学校改革发展全局的重大问题和涉及教职工、学生切身利益的重要事项，采取多种形式广泛听取群众意见。积极探索实行重大决策票决制。要充分发挥校院两级教代会制度，使权力在民主与制度的轨道上运行。二是干部人事管理制度。深化干部人

事制度改革，坚持民主、公开、竞争、择优原则，健全干部选拔任用科学机制。完善领导干部职务任期经济责任审计等制度。人、财、物等权力集中的重点部门和单位的负责人要定期轮岗交流。建立和完善干部监督工作联席会议制度和党委会讨论任用干部前书面征求学校纪委意见制度。三是权力运行程序化和透明化制度。从程序控制和公开透明入手，对干部人事、内部财务管理、基建项目、物资设备采购、科研经费管理、招生、国有资产管理等重要权力，制定运行流程。采取有效措施保证权力按照流程行使，实现全过程有效监控。深化党务公开和校务公开工作，接受师生员工监督。要坚持全面公开，凡属高校改革发展中的重大问题，广大师生关注的问题，特别是重大决策、干部选拔任用、重大项目建设、大额资金的管理使用，都要及时公开。要创新公开的载体和形式，结合高校实际，充分利用党政联席会、教职工代表大会、公开栏、宣传橱窗、电子显示屏等多种形式公开，充分利用校园网，实施网上征求意见、网上公开和网上监督，全面提升校务公开制度化和规范化水平。四是责任追究制度。要积极探索责任追究的工作机制，建立责任追究的具体实施办法，增强责任追究的规范性，维护责任追究的严肃性。根据出现的问题，区分情况，分清主要领导责任、直接领导责任、直接责任，追究相关人员责任，并做出认真及时的处理，重点加强对领导干部特别是主要领导干部的质询、问责、经济责任审计、引咎辞职、罢免等制度建设。

（四）党委领导、校长管理、教授治学、民主监督：既相互制约又相互协调的运行机制

现代大学制度是一个融合历史与现实、具体与抽象、问题与方法的内涵十分丰富的概念。我国高等学校要建立现代大学制度必须以科学的理论为指导，立足于当今中国社会主义初级阶段现实，必须充分借鉴国际上建立现代大学制度的经验，形成"党委领导、校长管理、教授治学、民主

监督"的高等学校内部框架，建立决策、执行、监督既相互制约又相互协调的权力结构和运行机制。我们建立的现代大学制度应具有鲜明的中国特色和显著的时代特征，能够使大学不断适应现代政治经济与科技发展的需要，努力提高大学的办学水平与效益，为科教兴国、振兴中华、造福人民做出更大贡献。

1. 必须坚持"党委领导"，统筹全局，协调各方

党委领导下的校长负责制是我国高等教育发展的历史选择。新中国成立以来，我国高等学校内部领导体制随着国际国内形势的变化几经变迁，经历了一个逐步发展、不断成熟的过程，最终确立的党委领导下的校长负责制是在认真总结历史经验和教训的基础上，根据建设中国特色社会主义的国情而决定的。世纪之交，中国高等教育取得了举世瞩目的成就，充分证明了这种领导体制是成功的。"实践证明，过分强调政治权力容易出现党政不分、党委包揽行政事务的现象，不利于高等学校的管理；过分强调行政权力，削弱党对高等学校的领导，又不利于高等教育的社会主义办学方向的实现。与其他几种领导体制相比，党委领导下的校长负责制妥善处理政治权力和行政权力的基本框架，提供了科学、民主的高校内部组织形式。"（薛传会，2007）[23-26]中国共产党的领导是中国革命历史的必然选择，同时也是新中国成立以来高等教育发展历史的必然选择。我国高校必须坚定不移地坚持党的领导原则，任何时候、任何情况下都不能动摇。

党委领导下的校长负责制是我国法律确认的高等教育的基本制度。长期以来，人们习惯性地认为，实行党委领导下的校长负责制是特殊的政治要求，因为多次明确实行这一领导体制的文件均是以党的文件的形式下发的。1998 年颁布的《高等教育法》则明确规定："国家举办的高等学校实行中国共产党高等学校基层委员会领导下的校长负责制。"这一规定为高等学校领导体制提供了法律依据和法律保障，使高校领导体制得以在法治轨道上实施。因此，党委领导下的校长负责制是我国法律确认的高等教育的基本制度，它的合法性是不容置疑的。坚持党委领导下的校长负责制不仅仅是政治要求，也是依法治校、依法行政的重要标志和必然要求。《高等教育法》关于党委领导下的校长负责制有关条款的规定，通过法定程序将党的意志上升为国家法律，不仅第一次以法律的形式明确了高等学校的治理形式，也对党委领导下的校长负责制的科学性、合理性予以认可。党委领导下的校长负责制作为高校内部的一种制度安排，是保障高校正常运作的根本需要，必须在现有法律框架下着眼于结构的优化和功能的充分发挥，切实推进"依法治校"。（李昌祖，励立庆，2007）[25-27]

中国特色的现代大学制度，党委领导是核心。党委领导是指党委对学校的统一领导，这是由社会主义教育事业的性质和要求决定的。党委作为学校改革发展稳定的领导核心和政治核心，在学校组织系统中处于决策层，是决策中心。党委领导是全面领导，既表现为对人的领导——管干部、管人才，又体现在对事的领导——对学校重大事项和重要工作的领导、对学校一般事项和日常工作的指导。党委的主要职责体现在管方向、谋全局、抓大事、用干部、保稳定、促发展。（魏雷东，2010）[26-27]党委领导，主要是政治、思想和组织的领导，就是保证党的理论、路线、方针、政策和策略在大学得到贯彻落实，保证高校的社会主义办学方向，保证学校重大问题决策的正确性，保证高校各级领导班子的建设和党的组织建设，保证学校物质文明、政治文明、精神文明的协调发展。党委的领导，既不能空洞，也不能事无巨细，搞"一元化"，更不能党政不分，以党代政。坚持和完善党委领导下的校长负责制，关键的问题是加强党的执政能力建设，要科学执政、民主执政、依法执政，贯彻好民主集中制。党委议事要坚持集体领导、民主集中、个别酝酿、会议决定的原则，克服随意性，提高执行制度的严肃性与自觉性，确保党委决策的科学性。党委要坚持集体领导和个人分工负责相结合的制度，党政一把手要努力提高自身素质与领导水平，党委成员要出以公心，团结合作。党委要统筹全局、协调各方，正确处理好"党委领导、校长管理、教授治学、民主监督"四方面的关系，充分发挥领导核心的作用，集中精力抓好大事，放手让校长依法管理，教授专心治学，支持教职工积极参与民主管理和民主监督，构建和谐发展的校园文化。

2. 必须坚持"校长管理"，依法行政，自主办学

中国特色的现代大学制度，校长管理是关键。校长管理是指校长在党委领导下发挥行政领导作用，独立负责地行使行政管理职权。校长是学校行政系统的指挥中心和管理中心，在学校组织系统中处于执行层，是执行中心。校长要自觉服从党委领导，执行党委决议，全面负责学校的教学、科学研究和其他行政管理工作。作为学校的行政一把手和法定代表人，校长对外代表学校，对内主持校务。落实校长依法行政的执行权，是关系大学发展的重要问题。校长必须依法行政，才能治理好大学。校长要牢固树立法制观念，自觉对投资主体——国家、政府与社会负责，自觉对学校的党委负责，自觉对职工、学生及其家长负责，自觉接受群众的监督。大学以其特有的社会属性和特点，具有相对于政府和社会的自主性与独立性。校长必须遵循教育规律，敢于自主办学，才能办好大学。校长必须坚持社会主义的办学方向，具有驾驭和控制复杂局面的能力，具有符合社会发展潮流的办学理念和独特的办学风格，具有敢为人先的胆识和探索真理的勇气，具有敢于并善于决策的能力与水平。

校长管理的基本形式是校务委员会制度。高等学校是一个复杂的组织系统，外部受政府的力量、市场的力量、社会的力量之影响和制约，自身又存在政治权力、行政权力和学术权力的运行和相互作用，是一个多元权力结构组织（毕宪顺，2005）[32-38]。政治权力、行政权力和学术权力是我国公立高等学校内部三种主要的权力形式。政治权力集中于党委，行政权力属于以校长为首的行政系统，学术权力体现在学者身上。高等学校要建立结构合理、配置科学、程序严密、制约有效的权力运行机制，必须遵从"党委领导、校长管理、教授治学、民主监督"这一中国特色现代大学制度的体制框架。党委领导下的校长负责制是高等学校内部领导体制，校务委员会制度是校长管理的基本形式。它在决策方面能够很好地弥补校长个人决策能力的不足。这是校长管理决策形式上的创新。

校长还应该将主要精力投身于学校的管理，不应"三心二意""半心半意"，更不应以权谋私，营造自己的"自留地"。校长必须按照民主集中制的原则办事。涉及学校的规划及教学、科研、学生、后勤等重大问题，需及时提交校长办公会讨论，并按照少数服从多数的原则进行决策。同时要坚持正副校长分工负责制，防止校长专权独断、无法监督，从而造成重大失误。斯坦福大学荣誉校长卡斯帕尔指出，大学要成为有效的竞争者，不但要发挥垂直体系的功用，还要发挥平行体系的功用；除了发挥上层的主动性，还要发挥院系一级的主动性。大学校长更要坚持以人为本的管理，即教学以学生为本，办学以教师为本，自觉接受群众的监督，定期向教代会作工作报告；重大问题，如学校的发展战略规划，必须要求学校中的每个机构都要对自己所承担的任务负责，而且还要提交教代会讨论审议通过。

3. 必须坚持"教授治学"，专家治教，学术本位

中国特色的现代大学制度，教授治学是根本。教授治学就是充分体现教师特别是教授在学术事务、业务工作和人才培养中的主体地位，使专家、教授在学术领域和专业事务中发挥主导作用。教授治学是一种秉承学术传统与学术标准，以培育健全人格、促进学术发展为基本原则的治理方式，教授治学是学术权力、行政权力、政治权力三权分立制衡、构建和谐管理机制的需要，也是现代大学制度建设的题中应有之义。高校体制结构的合理化要充分"发挥教授在治学中的主导作用"（周济，2008）。

我国杰出的大学校长竺可桢先生说："教授是大学的灵魂。"一流的大学要有一流的学科，一流的教授则成就了一流的学科。一所没有确立学术自由价值，教授不拥有学术权力的大学，不可能是现代意义的大学，与

"世界一流"更是无缘。坚持"教授治学",也是民主治校的重要方面。教学是大学的中心工作,教授则是教师群体中的核心。为此,在办学过程中,大学必须克服过于行政化的倾向,在学科发展建设的一系列重大问题上广开渠道,请教授参与决策;在学术研究上,为教授创造宽松的学术环境,张扬他们的学术思想和学术主张,使他们能够创造性地工作;在学校的人事分配制度的改革中,注意向教授和高水平的教师倾斜;学校的学科发展规划,学校内部经费的分配和使用,课程的设置,学生的招收,学业成绩的评价和学位的授予,教师的聘任和晋升,行政人员的评价和选拔都应该充分听取教授的意见。在各项管理中,都要充分体现以人为本的办学理念,建立一套教授治学的有效机制。大学只有坚持了教授治学,才能真正形成做高深学问、育杰出人才、出突出成果的氛围;也只有坚持了教授治学,才能进一步加强和改善新时期大学党委与行政的工作。

高校应当坚持学术导向,规范行政行为。但正如有些同志指出的,也要妥善处理专家决策、咨询系统和行政决策系统的关系,完全用专家决策系统代替行政决策系统,学校工作将是低效率的、难以开展的。专家决策系统的特点是开放、发散,追求有创意、有新意,是寻求碰撞出思想火花,而不在于结果。行政决策系统追求的是问题解决,讨论是收敛性的,寻求相对合理的结论。同时还应该看到如何协调学校各类群体的相互关系,给出各种岗位的科学、合理的定位,优化和平衡各种资源配置的关系,激发全体员工的积极性,开拓学校发展的全面工作。学校的社会声誉是学校学术水平和教学质量的综合评价,学校学术水平的显示度要靠大师,靠最优秀的名师、专家,但学校的教学质量和综合发展要靠全体教职员工,要让每一个人都感到作为学校成员的自豪感、责任感,共同为学校的学术上水平、教学科研创一流、创造先进文化、服务社会发展、引导社会前进而努力。

4. 必须坚持"民主监督",公开透明,规范用权

中国特色的现代大学制度,民主监督是保证。实行民主监督是加强高

校党风廉政建设的重要举措，是促进依法治校，实现学校重大决策科学化、民主化的必由之路。实行民主监督，对于维护学校领导权威，避免决策失误，纠正不正之风，维护教职工合法权益，有着极其重要的作用。邓小平同志对民主监督的重要性作了多次强调。首先，他指出，"实行群众监督可以把群众的积极性调动起来"。（邓小平，1989）[259] 只有把群众的积极性充分调动起来，建设中国特色社会主义才会有更广泛的基础。其次，加强民主监督，有利于集思广益，正确决策。邓小平同志说："由于我们党的执政党地位，我们的一些同志很容易沾染上主观主义、官僚主义和宗派主义的习气。因此，对于我们党来说，更加需要听取来自各个方面的批评和监督，以利于集思广益，取长补短，克服缺点，减少错误。"（邓小平，1994）[205] 第三，加强民主监督，可以防止特权和腐败。搞特权和腐败，最害怕的是群众。正因为如此，邓小平同志要求，"要有群众监督制度，让群众和党员监督干部，特别是领导干部。凡是搞特权、特殊化，经过批评教育又不改的，人民就有权进行检举、控告、弹劾、撤换、罢免，要求他们在经济上退赔，并使他们受到法律、纪律处分"。

民主监督是高校民主执政的重要内容。高校要尊重师生员工作为主人翁的地位和作为权利主体的合法权益，为其依法实现民主监督的权利提供必要的保障。高校必须坚持民主集中制，增加重大问题和重要事项决策的透明度，以教职工代表大会为基本形式，畅通教授委员会、教职工代表大会、工会、民主党派、学生会等多种渠道，做到民主基础上的集中和集中指导下的民主相结合。要保障广大师生员工的知情权、参与权、表达权、监督权，这样才能充分保证相关权力主体在法律制度的框架中发挥主观能动性，避免个人凌驾于法律之上的随意决策拍板而导致学校管理混乱。

民主监督是高校教职工的政治权益。党的十五大就提出要"加强基层民主，保证人民群众直接行使民主权利"，并且"直接涉及群众切身利益的部门要实行办事公开制度"。党的十六大进一步把发展社会主义民主政治、建设社会主义政治文明，确定为我国社会主义现代化建设和全面建设小康社会的重要目标。人民当家做主是社会主义民主政治的本质要求，今天人民民主的发展与党的领导、依法治国相辅相成，共同促进社会的进步，体现政治文明的发展。人民当家做主首先意味着保障和实现工人阶级和最广大人民群众的基本民主权利。胡锦涛同志要求我们"坚持用人民拥护不拥护、赞成不赞成、高兴不高兴、答应不答应来衡量我们的一切决策"。积极推行校务公开既能让广大教职工"知悉校务、民主监督、参与管理"，提高他们的主人翁地位，维护他们的合法权益，又能让社会关心教育，支持教育，帮助教育，同时督促教育，依靠广大人民群众共同办好教育。（张增泰，2002）

民主监督是高校科学决策的重要途径。教职工的民主管理和民主监督既是社会主义制度的需要，也是经济文化发展和管理现代化的需要，更是民主治校的需要。教职工民主监督，一方面，要加强参与民主管理的力度，使教职工的意见和建议融入学校决策和重大问题的监督中，转化为制度、法规和措施。另一方面，教职工民主监督能够有效地协调学校各项工作的顺利发展。随着高校内部体制的不断深入和各方面利益的调整，教职工对涉及切身利益的问题要求更加公平、合理。如果不将教职工最关心的问题的解决过程和结果向他们公开，难免会出现不公平、不公正的现象，即使一时未引起教职工的强烈反对和不满，但也会在教职工心里产生积淀，使教职工与领导者产生离心离德的情绪。因而加强学校民主管理和民主监督，实现重大问题决策科学化、民主化，是学校发展的客观要求。

民主监督是高校预防和惩治腐败的重要措施。随着社会主义市场经济的建立和高校民主管理的推进，学校廉政建设面临着更高的要求。推进教职工的民主监督，必须在领导与教职工之间实现双向沟通，架起相互理解、相互信任、相互支持的桥梁。首先，教职工迫切要求参与学校的民主监督，因为教职工的利益与学校的利益有着密切的关系。其次，教职工民主监督威力大。他们了解许多问题，形成了一股强大的声势，对学校一些部门和领导产生强大的压力。只要相信依靠广大教职工监督的积极性，领导干部将自身置于教职工监督之下，就会对腐败行为形成一股强大的威慑力。同时各级领导还要增加办事的透明度和扩大教职工的知情权、参与权、咨询权、质疑权，使各项改革措施和领导者的行为方式都建立在民主的基础上，这样就会形成一种惩治腐败的强大合力。（张克强，何秋文，聂健南，2011）

"党委领导、校长管理、教授治学、民主监督"，既是大学区别于政府、企业运转模式的显著特征，也是中国现代大学区别于西方现代大学的根本特征，这是中国特色现代大学制度的特质。这一管理模式体现了政治、行政、学术、民主四种权力资源的合理配置，体现了党委、行政、学术、群众四个权力主体的科学分工，体现了高校内部权力既相互制约又相互协调的运行机制，彰显了现代大学人文精神和依法治校、民主管理的理念。在坚持和完善党委领导下的校长负责制领导体制的基础上实施校长管理、教授治学、民主监督的管理模式，是建设中国特色社会主义大学的内在要求，是我国高校科学发展、和谐发展、快速发展的基本保障。

"党委领导、校长管理、教授治学、民主监督"，是一个决策权、执行权和监督权既相互制约又相互协调的权力结构和体制框架（如下页图示）。教授委员会行使决策权，就学校改革发展的重大问题进行决策，是现代大学的本质要求。校长行使行政权，以校长为首的行政系统贯彻执行教授委员会的决定，是高校运行的基本保证。教代会行使监督权，对决策和执行进行监督，是高校内部体制改革的重要内容。需要指出的是，教授委员会只是就学校改革和发展的重大问题进行决策，校长为首的行政系统运行中的决策应依据《高等教育法》和高校章程予以明确。深化高校内部体制改革，必须进一步加强和改进党的领导，发挥教授委员会的治学功能，进一步规范和加强行政管理，健全和完善以教职工代表大会制度为主要形式的民主监督，形成结构合理、决策科学、执行顺畅、监督有力、运转高效的内部权力体制和运行机制。

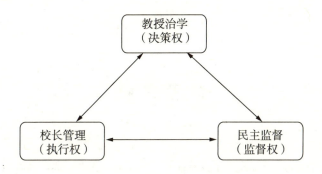

《高等教育法》明确规定"国家举办的高等学校实行中国共产党高等学校基层委员会领导下的校长负责制"。这一领导体制是中国特色社会主义政治体制在高校的延伸和反映。深化高校内部体制改革，必须在现有法律框架下着眼于结构的优化和功能的充分发挥，积极探索构建党委领导、校长管理、教授治学、民主监督有机结合的高校内部管理体制。在这一内部管理体制中党委是领导核心，党委行使领导权，领导和协调决策、执行、监督的有效运行，在这一管理体制中发挥着核心作用。其使命可以概括为统揽全局，把握高等学校的教育目标和方向，统一领导学校工作，支持校长独立负责地行使职权，保证以培养人才为中心的各项任务的完成。校长是这一内部体制的中枢和关键。校长作为学校法定代表人和行政负责人，在党委的集体领导下，全面负责教学、科研、学科建设和行政管理工作。教授治学是大学的本质要求，以教授为主体组成的各种学术组织是教授群体发挥作用的组织载体和制度平台，在学校管理和学术事务发挥着主导作用。民主监督是高校治理的重要组成部分，建立以教职工代表大会为基本形式的民主监督机制，是高校管理科学化、规范化、法制化的必然要求。这种内部管理体制，既坚持了党委对学校的统一领导，又体现了教授治学，保障学术权力得以实现，同时强化了校长为首的行政系统的指挥功能和教职工参与民主管理与监督功能，体现了民主集中、权力制衡、集体决策、科学管理的原则。（毕宪顺，2011）[65-71]

参 考 文 献

DANIEL, et al. 1993. Academic Freedom 2：a human rights report ［M］. London：Ied Books Ltd.

HOBBES. 1958. Leviathan ［M］. Indianapolis：Bobbs-Merrill.

HOFSTADTER. 1969. Academic Freedom in the Age of the College ［M］. Columbia：Columbia University Press.

JONES, SHANAHAN, GOYAN. 2001. University Governance in Canadian Higher Education ［J］. Tertiary Education and Management（7）.

ROBERT. 1983. Coordinating Structure：the UGC and US State Coordinating Agencies ［M］//Michael. The Structure and Governance of Higher Education. London：SRHE.

毕宪顺，杨海山，王艳明. 2005. 高校学术人员参与管理和决策的调查与研究 ［J］. 高等教育研究（4）.

毕宪顺，赵凤娟，甘金球. 2011. 教授委员会：学术权力主导的高校内部管理体制 ［J］. 教育研究（9）.

毕宪顺，赵凤娟. 2009. 高等学校的民主监督与权力制约——以教职工代表大会制度为基本形式 ［J］. 教育研究（1）.

毕宪顺. 2005. 权力整合与体制重建——社会变革中的高等学校内部管理体制改革 ［M］//劳凯声. 中国教育法制评论：第3辑. 北京：教育科学出版社.

毕宪顺. 2006. 权力整合与体制创新——中国高等学校内部管理体制改革研究 ［M］. 北京：教育科学出版社.

毕宪顺. 2010. 制度·体制·机制——高等学校教授委员会制度研究 ［M］. 北京：高等教育出版社.

毕宪顺. 2011. 制约与协调：高校内部管理变革的使命 ［J］. 高等教育研究（10）.

毕宪顺 . 2004. 高校学术权力与行政权力的耦合及机制创新 [J]. 教育研究 (9).

毕宪顺 . 2005. 试论高等学校内部领导管理体制的构建——一个政治学研究的视角 [J]. 教育研究 (11).

毕宪顺 . 2008. 高等学校教授委员会制研究 [J]. 中国行政管理 (2).

博西迪, 查兰 . 2005 执行: 如何完成任务的学问 [M]. 刘祥亚, 译. 北京: 机械工业出版社 .

博耶 . 2002. 关于美国教育改革的演讲 [M]. 涂艳国, 方彤, 译. 北京: 教育科学出版社 .

布鲁贝克 . 1998. 高等教育哲学 [M]. 王承绪, 等, 译. 杭州: 浙江教育出版社 .

蔡琼, 李明亮 . 2010. 我国高等学校决策制度重构的理念与思路 [J]. 闽江学刊 (2).

陈海春 . 2004. 还是要有个核心——访浙江大学原党委书记张俊生 [J]. 中国高等教育 (17).

陈红 . 2004. 大学生参与管理的现状与对策思考 [J]. 学校党建与思想教育 (3).

陈家刚 . 2004. 协商民主引论 [J]. 马克思主义与现实 (3).

陈想平 . 2006. 论大学组织的知识性与科层性 [J]. 高教探索 (2).

陈学飞 . 1996. 当代美国高等教育思想研究 [M]. 沈阳: 辽宁师范大学出版社 .

陈运超 . 2007. 论教授治校权力与实现 [J]. 高教探索 (5).

褚宏启 . 2003. 中国教育管理评论: 第 1 卷 [M]. 北京: 教育科学出版社 .

辞海编辑委员会 . 1990. 辞海: 缩印本 [M]. 上海: 上海辞书出版社 .

达尔 . 1987. 现代政治分析 [M]. 王沪宁, 译. 上海: 上海译文出版社 .

"大学管理架构, 运行机制改革与调整" 课题组 . 2003. 整合学术行政力量有效发挥合力作用——大学管理架构, 运行机制改革与调整课题研究报告 (一) [J]. 中国高等教育 (11).

邓小平 . 1994. 邓小平文选: 第 2 卷 [M]. 北京: 人民出版社 .

董云川 . 2000. 论大学行政权力的泛化 [J]. 高等教育研究 (2).

范德格拉夫, 等 . 2001. 学术权力——七国高等教育管理体制比较 [M]. 王承绪, 等, 译. 杭州: 浙江教育出版社 .

甘永涛 . 2008. 美国大学共同治理界说及制度演进 [J]. 外国教育研究 (6).

宫泽俊义.1990.日本国宪法精解［M］.董璠舆,译.北京:中国民主法制出版社.

龚怡祖.2009.大学治理结构:现代大学制度的基石［J］.教育研究(6).

光复书局大美百科全书编辑部.1990.大美百科全书［M］.台北:光复书局.

郭为禄,冯望.2010.论政府职能转变对大学自治的回应——以管理与自主间的衡平为切入的研究［J］.行政法学研究(2).

和震.2003.西方大学自治理念的演进［J］.学术研究(10).

和震.2005.大学自治研究的基本问题［J］.清华大学教育研究(6).

贺德芬.1998.学术自由与学术伦理间的疏离与依附［G］//东吴大学法学院.大学法研讨会论文集.台北:东吴大学法学院.

华英姿.1994.耗散结构理论与决策科学化［J］.中原工学院学报(2).

黄国铭.2008.高校学术权力与行政权力配置模式探讨［J］.扬州大学学报:高教研究版(2).

姜伟.2008.健全权力制约协调机制　依法履行法律监督职能［J］.人民检察(1).

康德.1991.法的形而上学原理——权利的科学［M］.沈叔平,译.北京:商务印书馆.

克尔.1993.大学的功用［M］.陈学飞,等,译.南昌:江西教育出版社.

克拉克.1994.高等教育系统——学术组织的跨国研究［M］.王承绪,译.杭州:杭州大学出版社.

克拉克.2001.高等教育新论——多学科的研究［M］.王承绪,等,译.杭州:浙江教育出版社.

孔垂谦.2002.试析西方政党对大学的影响——大学与政党关系的政治学视角［J］.比较教育研究(2).

匡尹俊.2008.论大学学术管理的制度缺失［J］.湖南师范大学教育科学学报(3).

朗.2001.权力论［M］.陆震纶,郑明哲,译.北京:中国社会科学出版社.

劳凯声.1999.高等教育法规概论［M］.北京:北京师范大学出版社.

李步云,主编.1998.宪法比较研究［M］.北京:法律出版社.

李昌祖,励立庆.2007.论高校党委领导下的校长负责制的法学理论［J］.高等农业教育(2).

李国强.2004.精英决策与中国政治体制改革［M］.北京:中信出版社.

李金奇.2002.从失衡到调适.我国高等学校内部管理体制改革的基本途径［J］.湖北社会科学（12）.

李金奇.2005.高等学校内部管理体制改革若干理论问题探讨［J］.黑龙江高教研究（10）.

李景鹏.2001.中国走向"善治"的路径选择［J］.中国行政管理（9）.

李升元.2011.大学自治——解读一个重要的高等教育法则［J］.东岳论丛（10）.

李文章.2006.关于大学学术自由的内外限制问题［J］.复旦教育论坛（6）.

李吾振.2001.高校改革与发展决策科学化的研究［J］.黑龙江高教研究（1）.

李秀林,等.1995.辩证唯物主义和历史唯物主义原理［M］.北京：中国人民大学出版社.

李中锋,濮德林.2006.论高校学科建设中的学术组织创新［J］.中国高教研究（10）.

林峰.2007.中西方学术自由的历史演进与启示［J］.当代教育论坛：宏观教育研究（7）.

林来梵.2011.宪法学讲义［M］.北京：法律出版社.

林培锦.2007.论大学内部决策的科学化及其保障机制［J］.潭州师范学院学报：哲学社会科学版（4）.

林喆,等.2006.公民基本人权法律制度研究［M］.北京：北京大学出版社.

刘庆东,毕宪顺.2010.不断完善党委领导下的校长负责制——基于部分省（区）和高校的比较与分析［J］.黑龙江高教研究（2）.

刘献君.2002.加强院校研究.高等学校改革和发展的必然要求［J］.高等教育研究（3）.

刘莘,杨波,金石.2005.论大学自治的限度［J］.行政法学研究（5）.

刘英杰.1993.中国教育大事典：1949—1990［M］.杭州：浙江教育出版社.

刘宇.2011.论学生参与中的权力问题［J］.全球教育展望（4）.

龙献忠.2004.高等学校组织结构分析及改革研究［J］.湖南师范大学教育科学学报（1）.

卢找律.2003.美国高等教育策划咨询产业掠影［N］.中国教育报,02-08（4）.

芦部信喜.2006.宪法［M］.林来梵,等,译.3版.北京：北京大学出版社.

罗宾斯，库尔特.2004.管理学［M］.孙健敏，等，译.北京：中国人民大学出版社.

罗梭福斯基.1996.大学有效管理的七条原则［J］.外国高等教育资料（1）.

马尔赛文，等.1987.成文宪法的比较研究［M］.陈云生，译.北京：华夏出版社.

马晖.2010.正是因为拥有学术自由　才使美国的大学办得这么好［N］.21世纪经济报道.

米勒，等.2002.布莱克维尔政治学百科全书［M］.邓正来，译.北京：中国政法大学出版社.

宁波群，刘晶华.1999.坚持党委领导下的校长负责制　建设党政密切配合的领导班子［J］.高校理论战线（4）.

纽曼.2001.大学的理想：节本［M］.徐辉，等，译.杭州：浙江教育出版社.

诺斯.1994.制度、制度变迁与经济绩效［M］.刘守英，译.北京：生活·读书·新知三联书店.

潘海生，张宇.2007.利益相关者与现代大学治理结构的构建［J］.教育评论（1）.

潘懋元.2003.大方向与可行性［N］.中国青年报，06－26.

彭宗超.2004.公共治理视野中的中国听证制度改革［J］.公共管理评论（1）.

朴雪涛.2005.教授委员会制度与高校决策模式的改革［J］.大学教育科学（2）.

戚业国，王徐波.2008.我国高校内部管理体制改革30年——历程，经验与发展趋势［J］.中国高教研究（11）.

祁芬中.1988.耗散结构论［J］.社联通讯（4）.

沈刘峡.2002.对高校内部管理中行政权力学术权力的几点认识［J］.石油大学学报：社会科学版（12）.

苏宝利，吕贵.2003.审议方向·参与决策·监督控制——谈学术委员会在高校决策体制中的地位与作用［J］.高等工程教育研究（7）.

眭依凡.2001.大学校长的教育理念与治校［M］.北京：人民教育出版社.

眭依凡.2001.论大学学术权力与行政权力的协调［J］.现代大学教育（6）.

孙长义，高云龙.1994.领导决策科学化的主要内容［J］.干部人事月刊（11）.

索乌坦.1997.新宪政论［M］.周叶谦，译.北京：生活·读书·新知三联书店.

谈松华.2002.体制创新与高教改革［J］.中国高等教育（5）.

唐玉光，薛天祥．1994．大学自治与高校办学自主权［J］．上海高教研究（4）.

天津市高等院校构建和完善反腐败机制有关问题研究课题组．2008．构建和完善高校
　权力运行监督机制的问题研究［J］．天津市教科院学报（6）.

田畔．2003．换汤不换药——评北大"人事制度改革"［EB/OL］．（2003 - 06 - 10）
　［2012 - 12 - 25］．http：//www. acriticism. com/article. asp？newsid = 3512&type = 1001.

王甲祥．1996．试谈健全高校内部监督机制［J］．南都学坛（2）.

王建华，钟和平．2011．高校治理中社会参与的困境及对策［J］．大学教育科学
　（4）.

王建梁．2003．美国高校学术自由的历史演变［J］．当代教育科学（23）.

王青斌．2006．论高教法治与大学自治［J］．行政法学研究（2）.

王少青．2004．我国高校经营管理专业化探析［J］．江苏高教（2）.

王圣诵．2003．中国自治法研究［M］．北京：中国法制出版社.

韦伯．1997．经济与社会：上卷［M］．林荣远，译．北京：商务印书馆.

魏传立．2007．西方高等教育管理中的权力配置及对我国的启示［J］．黑龙江高教研
　究（1）.

魏雷东．2010．党委领导下的校长负责制是公立高校科学发展的必然选择［J］．学校
　党建与思想教育（3）.

温辉．2003．受教育权入宪研究［M］．北京：北京大学出版社.

沃克．1998．牛津法律大辞典［M］．北京社会与科技发展研究所，译．北京：光明日
　报出版社.

吴学士，彭虹．2008．构建高校权力运行监督机制的思考［J］．思想理论教育（17）.

伍自强，谢勇．2004．浅谈科学的决策程序及其决策技术［J］．南方冶金学院学报
　（3）.

武立勋，等．2004．对大学组织特性及行政与学术关系的思考［J］．山西大学学报：
　哲学社会科学版（3）.

夏托克．1987．高等教育的结构与管理［M］．王义端，译．上海：华东师范大学出版
　社.

夏勇．2001．人权概念起源［M］．北京：中国政法大学出版社.

肖谦．2009．高等教育利益相关者共同治理模式的探讨［J］．湖南社会科学（4）.

谢安邦，阎光才．1998．高校的权力结构及权力结构的调整——对我国高校管理体制
改革方向的探索［J］．高等教育研究（2）．

谢海定．2005．作为法律权利的学术自由权［J］．中国法学（6）．

徐远火．2005．高校教代会制度的历史演进与未来发展［J］．中国劳动关系学院学报
（2）．

薛传会．2007．论准确把握党委领导下的校长负责制的科学体系［J］．中国农业教育
（4）．

杨克瑞，等．2007．政治权力与大学的发展——国际比较的视角［M］．北京：中国言
实出版社．

姚剑英．2007．中国高校教授委员会现状分析及思考［J］．辽宁教育研究（6）．

叶澜．2000．深化中国高等教育内部管理体制与运行机制改革的研究报告［J］．教育
发展研究（5）．

尹吉，倪培兴．2008．当代中国检察监督体制研究［M］．北京：中国检察出版社．

永祥．1985．什么事决策论［J］．领导科学（1）．

尤光付．2003．中外监督制度比较［M］．北京：商务印书馆．

俞可平．2000．治理与善治［M］．北京：社会科学文献出版社．

袁贵仁．2011．"985""211"已关大门［N］．中国青年报，03 – 07（9）．

袁贵仁．2000．建立现代大学制度，推动高教改革和发展［J］．中国高等教育（3）．

袁祖望．2004．高校咨询机构的应有地位，存在问题及发挥功能［J］．现代教育科学
（5）．

臧树良．2011．议党委领导下的校长负责制若干关系的处理［J］．中国高等教育（3/4）．

张宝昆．1988．人的因素对大学发展的影响——德、美、日三国大学发展与高等教育
思想家［J］．比较教育研究（1）．

张斌贤．2005．我国高等学校内部管理体制的变迁［J］．教育学报（1）．

张德祥．2010．关于"高校决策模式改革与教学科研组织创新"问题的几点思考［J］．
辽宁教育研究（7）．

张德祥．2002．高等学校的学术权力与行政权力［M］．南京：南京师范大学出版社．

张辉，郭桂英．2000．高校研究机构"上浮""下沉"现象透视［J］．高等教育研究
（3）．

张慧洁.2011.利益·责任·信仰.世界一流大学治理结构的梳理与检讨［J］.高教探索（3）.

张君辉.2006.中国教授委员会研究［D］.长春：东北师范大学教育科学学院.

张君辉.2007.中国大学教授委员会制度的本质论析［J］.教育研究（1）.

张克强，何秋文，聂键南.2011.关于加强高校民主管理与民主监督的几点思考［EB/OL］.（2011-03-17）［2012-12-26］.http：//www.blcu.edu.cn/union/html080707/xingh/fckfiles/20110317220778.doc.

张维迎.2004.大学的逻辑［M］.北京：北京大学出版社.

张文显.2001.法哲学范畴研究［M］.北京：中国政法大学出版社.

张晓鹏.2001.学院建制与管理分权——从国外名牌大学经验得到的启示［J］.全球教育展望（2）.

张艳.2011.关于高校执行力建设的思考［J］.国家教育行政学院学报（6）.

张意忠.2006.教授治学的调查与研究［J］.江苏高教（4）.

张应强.2006.把大学作为学术组织来建设与管理［J］.中国高等教育（19）.

张月铭.2002.高校管理重心下移后的行政权力和学术权力［J］.辽宁教育研究（9）.

张跃彬.2007.关于强化高校党内监督的思考［J］.浙江师范大学学报：社会科学版（6）.

张增泰.2002.四方分工　和而不同——关于建立中国特色现代大学制度的几点思考［EB/OL］.（2006-06-06）［2012-12-26］.http：//gh.sjtu.edu.cn/list.asp？unid=486.

章晓莉.2006.高校行政权力与学术权力研究综述［J］.学术交流（10）.

赵曙明.1992.美国高等教育管理研究［M］.武汉：湖北教育出版社.

赵文华.2000.高等教育系统分析［M］.上海：复旦大学出版社.

者贵昌.2010.我国高校决策失误的表现，诱因及控制［J］.高教探索（4）.

郑永流.2004.学术自由及其敌人.审批学术，等级学术［J］.学术界（1）.

钟秉林.2003.从理论与实践结合上探索党委领导下的校长负责制［J］.中国高等教育（24）.

钟秉林.2005.现代大学学术权力与行政权力的关系及其协调［J］.中国高等教育

（19）.

周光辉.2011.当代中国决策体制的形成与变革［J］.中国社会科学（3）.

周光礼.2005.重构高校治理结构：协调行政权力与学术权力［J］.中国高等教育（19）.

周济.2008.推进教育事业科学发展　为建设人力资源强国而奋斗——在教育部2008年度工作会议上的讲话（2007年12月26日）［N］.中国教育报，2008－01－04（1）.

周庆行.2004.公共行政导论［M］.重庆：重庆大学出版社.

周雪光.2003.组织社会学十讲［M］.北京：社会科学文献出版社.

周永坤.2006.规范权力——权力的法理研究［M］.北京：法律出版社.

周志宏.1989.学术自由与大学法［M］.台北：蔚理法律出版社.

出　版　人　　所广一

责任编辑　　刘明堂

版式设计　　杨玲玲

责任校对　　贾静芳

责任印制　　曲凤玲

图书在版编目（CIP）数据

决策·执行·监督：高等学校内部权力制约与协调
机制研究／毕宪顺主编．—北京：教育科学出版社，
2013.3

ISBN 978 - 7 - 5041 - 7484 - 0

Ⅰ.①决…　Ⅱ.①毕…　Ⅲ.①高等学校—学校管理—
研究　Ⅳ.①G647

中国版本图书馆 CIP 数据核字（2013）第 049368 号

决策·执行·监督——高等学校内部权力制约与协调机制研究

JUECE ZHIXING JIANDU

出版发行　　教育科学出版社

社　　址　　北京·朝阳区安慧北里安园甲 9 号　　市场部电话　010 - 64989009

邮　　编　　100101　　　　　　　　　　　　　　编辑部电话　010 - 64989419

传　　真　　010 - 64891796　　　　　　　　　　网　　址　　http://www.esph.com.cn

经　　销　　各地新华书店

制　　作　　北京金奥都图文制作中心

印　　刷　　保定市中画美凯印刷有限公司

开　　本　　169 毫米×239 毫米　16 开　　　　　版　　次　　2013 年 3 月第 1 版

印　　张　　12.5　　　　　　　　　　　　　　　印　　次　　2013 年 3 月第 1 次印刷

字　　数　　160 千　　　　　　　　　　　　　　定　　价　　32.00 元

如有印装质量问题，请到所购图书销售部门联系调换。